二孩时代养育经

——如何养育有兄弟姐妹的孩子

【日】COMO编辑部　编　魏海波　译

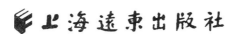

上海远东出版社

图书在版编目(CIP)数据

二孩时代养育经:如何养育有兄弟姐妹的孩子/
日本Como编辑部编;魏海波译. —上海:上海远东出版
社,2019
(走进日本)
ISBN 978 - 7 - 5476 - 1430 - 3

Ⅰ.①二… Ⅱ.①日… ②魏… Ⅲ.①儿童教育—家庭教育 Ⅳ.①G782

中国版本图书馆CIP数据核字(2018)第254741号

图字:09-2018-1117号
どうしたらうまくいく? きょうだい子育て
© Shufunotomo Co.，Ltd. 2013
Originally published in Japan by Shufunotomo Co.，Ltd.
Translation rights arranged with Shufunotomo Co.，Ltd.
through CREEK & RIVER Co.，Ltd. and CREEK & RIVER SHANGHAI Co.，Ltd.
本书中文简体字版由 Shufunotomo Co.，Ltd 授权上海远东出版社独家出版。未经出
版者许可,本书任何部分不得以任何方式复制或抄袭。

策　　划	曹　建	
责任编辑	曹　建　王　杰	
特约编辑	徐逢乔	
装帧设计	李　廉	

二孩时代养育经
—— 如何养育有兄弟姐妹的孩子

【日】COMO编辑部　编　魏海波　译

出　　版	上海远东出版社	
	(200235　中国上海市钦州南路81号)	
发　　行	上海人民出版社发行中心	
印　　刷	上海信老印刷厂	
开　　本	890×1240　1/32	
印　　张	4.625	
字　　数	118,000	
版　　次	2019年1月第1版	
印　　次	2019年1月第1次印刷	
ISBN 978 - 7 - 5476 - 1430 - 3/G・906		
定　　价	38.00元	

"走进日本"丛书编委会

主　　编　雪晓通

执行主编　魏海波

编　　委　彭　宪　杨本明　马利中

　　　　　陈祖恩　常　庆　章小弘

　　　　　邓　明　莫邦富　徐静波

总 序

关注日本，研究日本

卢明明

　　打开世界地图，在中国的东北方向有个由一连串大小迥异的岛屿构成的国家，它既是我们两千余载的近邻，又是一百来年的宿敌。

一、中国如何看日本

　　倘若有兴趣上网搜索一下古今中外要人对日本的评价，会发现如下信息：

　　　　大清康熙皇帝曰："倭子国，最是反复无常之国。其人，甚卑贱，不知世上有恩谊，只一味慑于武威……"

　　　　法国孟德斯鸠云："日本人的性格是非常变态的。在欧洲人看来，日本是一个血腥变态、嗜杀成性的民族。日本人顽固不化、任性作为、刚愎自用、愚昧无知，对上级奴颜婢膝，对下级凶狠残暴。日本人动不动就杀人，动不动就自杀。不把自己的生命放在心上，更不把别人的生命放在心上。所以，日本充满了混乱和仇杀。"

法国戴高乐总统谓："日本，这是一个阴险与狡诈的残忍民族。这个民族非常势利，其疯狂嗜血程度类似于欧洲中世纪的吸血鬼德库拉，你一旦被他看到弱点，喉管立即会被咬破，毫无生还可能。"

美国富兰克林·罗斯福总统称："日本民族是有史以来我见过的最卑鄙、最无耻的民族。"

巨富约翰·D·洛克菲勒说："日本人除了复制别国科技外一事无成，它何曾独立为世界文明作过贡献？充其量只是个工匠型的二流民族而已。"

据日本《朝日新闻》2016 年 5 月 3 日报道，公益财团法人新闻通信调查会对外公布其在美国、中国、韩国、英国、法国及泰国共 6 个国家所实施的"有关日本媒体舆论调查"，结果显示，中国受访者对日本的负面和正面看法分别为 90％和 5％。

每逢"九一八""七七"等中国的国耻日、纪念日，以及中日两国因钓鱼岛问题勾起纠纷时，大批中国民众会异常激愤地在网上对日本口诛笔伐。

不言而喻，中国人民在与日本的战火中备受戕害。战后，中日两国在 20 世纪 70 年代恢复邦交后，曾一度建立起相当密切的交往合作关系。遗憾的是，两国关系近年来发生逆转，持续低迷。

从我们的历史记忆和现实视野中，对于这个国土窄小但具有

能量的国家,似应注意到这样两个侧面:

一面,因为与清、俄两回格斗,自战胜而狂,悍然撕咬亚洲各国,并在整个世界恣肆掀动腥风血雨,四邻皆成深仇大恨。

一面,由于吞虎吞象,一朝摧折,缘战败而强,决然革新体制结构,激励全体国民迅捷复兴社会经济,一跃而为经济强国。

对于日本这个中国长久的近邻和曾经的宿敌,我们理应格外关注和深入研究。要注意的是,日本绝不是能用唾沫淹之的"蕞尔小国"。

知己知彼不仅是战场、商场斗争的必要条件,也是人际、国际交往的基本前提。事实上,迄今为止,我们对这个国家的认知,似可以一言蔽之:眼中茫昧,梦里依稀。

众所周知,中国知有日本乃始于《山海经》,以后历代正史大多设有日本传记;至明清,叙述稍详。但所有这些著录,都不免停滞在浅表层面。恰如陈舜臣先生所言:"过去中国人了解日本,主要是从旅行者、九州古代政权的使者等那里听来的,不论是关于理论还是关于现实,都是很遥远、很朴素的传闻。"

直至近现代,自黄遵宪的《日本国志》、戴季陶的《日本论》、王芸生的《六十年来中国与日本》、蒋百里的《日本人:一个外国人的研究》等寥若晨星的专著问世,才开始改变中国人对日本"知其一不知其二,见其外不识其内"的粗略认知。

作为戊戌变法重要参与者的黄遵宪,堪称高度关注、系统研究日本的中华第一人。他就任驻日参赞官期间,亲见明治维新通过一系列制度改革而致日本神速富强的事实,"乃信其改从西法,革故取新,卓然能自树立"。因此,黄遵宪花费八九年时间,精心编写了以介绍制度为主的《日本国志》,以"质之当世士夫之留心时务者"，纠正国人对日本的模糊观感。

他所写的《日本国志》共 40 卷、50 余万字，分"国统""邻交""天文""地理""职官""食货""兵""刑法""学术""礼俗""物产""工艺"等十二志，书中对明治维新的相关内容记述颇详。全书除"国统""职官""邻交""学术"等志略述古代内容外，其余八志全部记载明治维新历史。书中以"外史氏曰"的方式来阐述黄遵宪自己对这场变革的研判，且推及中国。

但因清廷高层颟顸，黄遵宪《日本国志》一书的出版搁置十年之久，迨至甲午战败才得以问世。梁启超因之甚为痛惜，认为倘《日本国志》能及时出版，就不至"令中国人寡知日本，不鉴，不备，不患，不悚，以至今日也"。

此书甫一出版，洛阳纸贵，广受热捧，在戊戌变法时期对光绪皇帝及朝野维新人士影响甚巨，一时间引发了学习日本的思潮；不少人甚至倡言聘用伊藤博文担任朝廷改革顾问，贵州举人傅燮干脆奏请"留伊藤为相，以行新政"。

后来，尽管发生了戊戌政变，以慈禧为核心的清朝统治集团对于明治维新的兴致却不稍衰减。1905 年，为缓解统治危机，清廷想效仿君主立宪，派出两个高级代表团，分别前往欧美和日本等国考察政治，立宪派重要代表、镇国公爱新觉罗·载泽率团亲赴日本考察立宪制度。直到清朝结束统治，这波高潮才渐消退。

十几年后，留学、旅居日本多年的戴季陶"鉴于中国人对于日本，总抱着一个'我们是文化的先进国'的历史心理"，"对于日本的社会，观察错误和判断错误，很普遍的"。他警醒国人："你们试跑到日本书店里去看，日本所做关于中国的书籍有多少？哲学、文学、艺术、政治、经济、社会、地理、历史各种方面,分门别类的,有几千种。每一个月杂志上所登载讲'中国问题'的文章,有几百篇。参谋部、陆军省、海军军令部、海军省、农商务省、外务省、各团体各公司派来中国长驻调查或是旅行视察的人员,每年有几千个。单是近年出版的中国丛书,每册在五百页以上,每部在十册以上的,总有好几种;一千页以上的大著,也有百余卷。'中国'这个题目,日本人也不晓得放在解剖台上解剖了几千百次,装在试验管里化验了几千百次。"他嗟吁:"我们中国人却只是一味地排斥反对,再不肯做研究工夫。"戴季陶为此奋笔撰成《日本论》,从宏观角度揭示日本的文化传统与社会性格,并从具体的神学理论、军政大佬个性、外交关系事件等微观角度进行剖析。

1937年8月,民国时期著名军事学家蒋百里撰写了《日本人:一个外国人的研究》,严厉批判日本民族是"一个原来缺少内省能力、缺少临时应用能力的急性的民族","原是崇拜外国人的",但也认可其"很能研究外国情形。有许多秘密的知识,比外国人自己还丰富",最后引用一位德国长者的告诫"胜也罢,败也罢,就是不要同他讲和"。

由此以降,斗转星移,相似成果,不复见矣。

近年来,虽有中国学者文人撰写若干介绍、研究日本的著述,但仍显管窥蠡测之陋、凤毛麟角之稀。

二、其他国家如何看日本

至今,对日本研究最为透彻的国家首推美国,其中有两位专家影响最大,即露丝·本尼迪克特和埃德温·赖肖尔。

第二次世界大战临近尾声时,为制定对日最后决策,美国政府动员各方专家研究日本,提供资料和意见,其中包括人类学家本尼迪克特。她根据文化类型理论,运用文化人类学方法,把战时拘禁在美国的日本人作为调查对象,同时参阅大量书刊和日本的文学、电影,完成报告。其结论是:日本政府会投降;美国不能直接统治日本;要保存并利用日本原有的行政机构。1946年,她将自己的研究成果整理出版,取名《菊与刀》,向世界全方位介绍日本的历史、文化、民俗、宗教和制度,旨在"为了对付敌人的行动,我们必须要理解敌人的行为","我们必须努力弄清日本人的思想、感情的脉络以及纵贯这些脉络之中的特点和规律,了解他们在思维和行动的背后所隐藏的强制力"。

接着,长期批评美国政府对亚洲文化特别是日本文化陷于无知泥淖的学者赖肖尔连续发表学术著作,不时举办教育讲座,以促进美国对日本文化的了解。后来,约翰·肯尼迪总统任命他为驻日大使。赖氏在任期内获得了巨大成功,有效增进了美日两国的关系。

赖肖尔在这方面的研究成果有同费正清合著的《东亚:伟大的传统》(1960年),以及《日本:一个民族的故事》(1970年)、《日本人》(1977年)和《1907—1982年的日本社会》(1982年)等。

在这些研究者眼中,日本人和日本文化具有相当的独特性。

一方面,"日本人围绕着禅宗形成了一整套系统的审美观点,这些思想观念成为日本文化的永恒因素。日本人认为纤细、简单、自然乃至畸形怪状,比庞大、壮观、造作和整齐划一珍贵";另一方面，"日本人生性极其好斗而又非常温和，黩武而又爱美，倨傲自尊而又彬彬有礼，顽梗不化而又柔弱善变，驯服而又不愿受人摆布，忠贞而又易于叛变，勇敢而又懦怯，保守而又十分欢迎新的生活方式。他们十分介意别人对自己的行为的观感，但当别人对其劣迹毫无所知时，又会被罪恶所征服。他们的军队受到彻底的训练，却又具有反抗性"。

具体而言，表现在这样几个方面。

1. 文化素质方面

（1）善于学习

"他们保留了自己的文化特性，而且还显示出他们确实是一个具有非凡创造能力的民族"；"一贯重视非物质资源"，"善于吸取别国的先进技术和文化"。

（2）崇尚教育

日本人从一开始就非常重视基础教育，从而确立了牢固的民族国家和高等教育的基础；"是世界上受到最优秀教育的民族"。

（3）遵从集体

日本人具有酷爱成群结队的天性，"集团主义是日本民族的性格特征"；"建立了对于小团体和整个国家都非常珍贵的团结。日本企业的成功极为依赖这种团结，而集体意识是日本民族力量的核心"。

为了使团体制度成功地运转，日本人认为应该明智地避免公开对抗。为避免冲突并维护集体团结，日本人广泛运用中间调停的办法，"尽量减少直接竞争的做法贯穿于日本人的全部生活"。所以他们不喜欢打官司，宁愿接受仲裁和妥协，"诉诸法庭是走投无路的办法"。

（4）重视等级

日本人认为等级制度是天经地义的,身份地位举足轻重,但是阶级意识和实际的阶级差别极其单薄和微弱。他们对等级制的信赖是基于对个人与他人以及个人与国家之间的关系所持的整体观念,但并非无条件地承认等级制的优越,习惯运用一些明确的手段以调节制度,使之不致破坏公认的常规。

在家庭以及人际关系中,年龄、辈分、性别、阶级决定着适当的行为。在政治、宗教、军队、产业等各个领域都有十分周到的等级划分,无论是上层还是下层,一旦逾越其特权范围,必将招致惩罚,充分体现了"各得其所,各安其分"的信条。

同样,日本人在看待国际关系的全部问题时,也都带着等级制的观念。

（5）讲求修养

日本式的教养要求任何动作都要文静,每一句言辞都要符合礼貌。自我修养的概念大致可分为两类:一类是培养能力,另一类则不仅培养能力,而且要求更高,日语称之为"圆熟",是指在意志与行动之间"毫无障碍,纤发悉除"的体验,它使人们能够最有效地应付任何局面,用力不多不少,恰如其分,能使人控制恣意妄为的自我,不躁不乱,无论是遇到外来的人身危险还是内心的激动,都不会失去镇定。

在日本,孩子要在家里学习礼仪并细致地观察礼仪。母亲背着婴儿时就要用手摁下婴儿的头,教其懂礼节。幼儿摇摇晃晃会走路时,要学的第一课就是尊敬父兄。妻子要给丈夫鞠躬,孩子要给父亲鞠躬,弟弟要给哥哥鞠躬;女孩子则不论年龄大小,都要向哥哥和弟弟鞠躬。

（6）通达应变

"日本已经证明自己是一个生机勃勃、充满活力、能适应快速的有目的的变化的民族",对于变化着的外部局势的反应极其敏锐,能迅疾判断形势,把握时机,迎接挑战;"一旦他们选择了一条路就会全力以赴,如果失败了,就顺理成章地选择另一条路",他们认为采取了某个行动方针却未能实现目标,就会把它当作失败的主张加以抛弃。

2. 道德素质方面

日本人的人生观表现在他们的"忠、孝、情义、仁、人情"等德行规定之中。他们认为,"人的义务的整体"就像在地图上划分势力范围一样分成若干领域。用他们的话来说,人生是由"忠的世界""孝的世界""情义的世界""仁的世界""人情的世界"及其他许多"世界"组成的。

（1）忠君守法

日本人"忠"的对象转向具体的人,且特指天皇本人。从丧葬到纳税,税吏、警察、地方征兵官员都是臣民尽忠的中介。

1945 年 8 月 14 日日本投降时,日本人的"忠"向全世界展示了。在天皇尚未宣布投降之前,反对者们围住皇宫,试图阻止停战诏书的宣布;但诏书一旦宣布,他们就全都服从了。

（2）行孝敬祖

日本的"孝道"只局限于家庭内部,充其量只包括父亲、祖父,以及伯父、伯祖父及其后裔,其含义就是在这个集团中,每个人应当确定与自己的辈分、性别、年龄相适应的地位。孝道是必须履行的义务，其中甚至包括宽待父母的恶行或失德。

日本人的祖先崇拜只限于记忆中的祖先。祖先墓碑上的文字每年都要见新，若是已无记忆的祖先，其墓碑就无人过问，家里佛龛上也没有他们的灵位。日本人注重的，是现时现地。

（3）重义推诚

"在日本，'义'是靠承认一个人在互欠恩情这张巨网中的适当地位来维持的，这张网既包括其祖先，也包括其同代人。"

日本人对老师、主人负有特殊之义，因为他们都是帮助自己成长的人，对自己有恩，所以将来也可能在老师、主人等有困难时答应他们的请求，或对他们身后的亲属给予特别照顾。人们必须不遗余力地履行这种义务，而且这种恩情并不随着时间流逝而减轻，甚至时间越久，恩情越重，形成一种"利息"。所以日本人不喜欢随便受恩而背上人情债。

在日本，自尊心是与报答施恩者联系在一起的，人们把不能报恩的人视为"人格破产"之人。

在道德方面，日本人强调"诚"，"是指热诚地遵循日本道德律和日本精神所指示的人生道路"。"诚"这个词经常用来赞扬不追逐私利的人，也经常被用来颂扬不感情用事的人。

（4）知耻自律

日本人把羞耻感纳入道德体系之中。不遵守明确规定的各种善行标志，不能平衡各种义务，或者不能预见偶然性的失误，都是耻辱。他们认为，知耻为德行之本，任何人都需注意社会对自己行动的评价。他们须推测别人会作出何种判断，并针对别人的判断调整行为,其"共同特点是以操行毫无缺陷而自傲"。

他们热衷于自律和磨练毅力;日本人说的"自重",意思是自我慎重,自重也常常意味着克制。

再有,面对无法完成的复仇目标,日本人往往会倾向于毁灭自己,以"保证尊严和荣誉不被践踏"。

（5）适情享乐

他们追求享乐,尊重享乐,但享乐又必须恰如其分,不能侵入"人生重大事务",不能把享乐当作严肃的生活方式而纵情沉溺。他们把属于妻子的范围和属于性享乐的范围划得泾渭分明,两个范围都很公开、坦率。

3. 心理素质方面

（1）感情深沉

他们尽可能地掩藏自己的感情,无论喜怒哀乐,都尽量对人笑脸相迎。

（2）坚韧不拔

日本人既有一种宿命论的思想,承认自然界可怕的威慑力量,也有一种坚强的毅力,在灾难发生后重振旗鼓、发愤图强。一个由自制自律而又意志坚强的个人组成的社会能产生一种动力,据此可以解释这个民族所展现出的奋斗精神和雄心壮志。

（3）冒险挑战

他们崇尚武力,热情洋溢,激动好斗,骨子里带有天然的侵略性。

（4）谨小慎微

日本文化反复向人们的心灵深处灌输谨小慎微,轻易不结交新朋友；但一旦成为朋友，友谊也能牢固地保持下去。

日本人的精神高度紧张，唯恐失败，唯恐自己付出巨大牺牲后从事的工作仍不免遭人轻视。他们有时会爆发积愤，表现为极端的攻击行动。

4. 劳动素质方面

他们勤奋工作，能充分地利用每一平方英尺的可耕地，绝不浪费一点点土地。

5. 身体素质方面

他们很重视锻炼，其传统包括最严酷的冷水浴。这种习惯往往被称作"寒稽古"（冬练）或称"水垢离"（用冷水洗身锻炼）。

至20世纪80年代，日本已成为世界上平均寿命最长的国家。

综上所述，日本民族实在是个具有诸多特色的民族。

三、研究、学习和超越

多数国人也许并不知道，在戊戌政变期间和辛亥革命前后，日本政要及民间人士曾经资助过中国的维新派与革命派人士。

1898年9月21日，慈禧太后重新"临朝训政"，立即下令逮捕康氏兄弟等维新派官员。梁启超前往日本使馆请求避难，日本公使林权助请示伊藤博文首相，伊藤指示："那么就救他吧，救他逃往日本。如至日本，由我来照顾他。梁这位青年，对中国来说，实在是宝贵的人物。"林于是将梁秘密送往日本。不久，康有为、黄遵宪等人亦在伊藤等的帮助下，先后到日本避难。之后，伊藤还应英国公使要求,亲往李鸿章宅邸,为已经被捕的维新派官员张荫桓求情。

孙中山在日本期间,也多次受到日本方面的援助。1913 年 8 月,孙中山等革命党人避难日本,袁世凯曾向日本方面提出过驱逐孙的要求,遭到婉拒。正是在日本政府的着意庇护之下,孙中山才得以同日本各大财团、民间人士、浪人组织以及军部、参谋本部人士进行广泛联络,以筹措资金,组织人员,整合力量。于是乎,日本一度成为中国革命派培养、酝酿革命力量的基地。

审视日本近一个半世纪以来的发展历程,不能不认识到,正是明治维新为这个国家走向近代化和现代化、自立于世界奠定了厚实的路基,提供了巨大的动能,造就了优异的禀赋。

从这场改变日本国运的改革浪潮中,我们应能发现这个国家所拥有的素质。

第一,奋迅灵动的学习素质。

正如赖肖尔所言,日本人"对于中国,对于其他民族,从未丧失过研究的兴趣,也从未停滞过研究、思索的步伐。他们的做法是:研究、学习,然后超越"。他们尊奉"不耻效人,不轻舍己"的学习观,既勤于模仿别人,又善于在学习、吸收外国文化的同时保持自身的文化个性,亦即"能合欧化汉学熔铸而成日本之特色"。

戴季陶指出,日本明治维新的建设"并不是靠日本人的智识能力去充实起来,而是靠客卿充实起来的。军队是德国人替他练的,军制是德国人替他定的。一切法律制度,在最初一个时代,差不多是法国的波阿索那德顾问替他一手造起的。然而指挥、统制、选择、运用,都是在日本人自己"。

相反,几乎在同一国际背景下,且先于日本启动的、以学习和引进西方长技为中心的清朝洋务运动,则继承了中国历代大一统专制王朝僵化的文化、政治基因,"畏天命,畏大人,畏圣人之言""法先王""遵守祖宗旧制",束缚于"中学为体,西学为用"的桎梏之中,"一切政教风俗皆不敢言变更"。李鸿章等重臣偏狭肤浅地以为,"中国文武制度,事事远出西人之上,独火器万不能及。……中国欲自强,则莫如学习外国利器;欲学习外国利器,则莫如觅制器之器,师其法而不必尽用其人"。倒是通商大臣张树声看得比较透彻,他认为西方国家"育才于学堂,论政于议院,君民一体,上下同心,务实而戒虚,谋定而后动,此其体也。轮船火炮,洋枪水雷,铁路电线,此其用也。中国遗其体而求其用,无论竭蹶步趋,常不相及,就令铁舰成行,铁路四达,果足恃欤"。

光从西方引入"战舰之精""机器之利"等细枝末节,忙活了三十来年的"同光新政",终于免不了"掘井九轫而不及泉,犹为弃井也"的结局。

第二,通达务实的体制素质。

胡汉民在为戴氏《日本论》所写的序中曾这样评议:"日本之一大飞跃,只是指导者策划得宜。地球上任何邦国,没有像日本指导员和民众两者间智力教育、思想、伎俩悬隔之大的,而能使治者与被治者之间无何等嫉视、不缺乏同情。就是指导者策划实施一切得宜,他们遂能成就此之当世任何大政治家毫无逊色的大事业。"

明治时期,日本建立了国会。从那时起,日本政府就已形成"由集团而非个人进行领导的优秀传统","从来没有出现过独裁者,也从来没有人企图攫取这种权力","对独裁权力乃至领袖权威的反感和对群体合作的强烈偏爱,构成了日本政治遗产的特征"。

领导人"总是组成一个集体,轮流负责各种行政事务","日本人不是在高层由个人决策,而是同部属进行广泛的非正式协商,产生一致意见";"他们也明白,国家不能只局限于政府少数人的专制"。吉田茂表示,"明治时期的领导者们以天皇为中心,从自己强烈的责任感出发,保存了决定权,尤其关心如何来吸取国民的活力并如何加以运用"。

1868 年,明治天皇颁布了"五条誓文":"一、广兴会议,万机决于公论;二、上下一心,盛行经纶;三、文武一途以至庶民,各遂其志,人心不倦;四、破旧有之陋习,基于天地之公道;五、求知识于世界,大振皇基。"明确宣示了整个国家管理的准则。

回看中国的专制政权,其任何关键决策必须恭请圣谕、圣旨,惟蛰居深宫大院的最高统治者马首是瞻。这种决策体制的问题在于:因"天泽极严,君臣远隔","自内而公卿台谏,外而督抚,数百十人以外,不能递折",故"虽有四万万人,实数十资格老人支柱掩塞之而已"。身处权力中心的最高决策者凭借这样的信息通道,根本无法及时、准确地了解国家的真实情况,以致"民之所欲,上未必知之而与之也;民之所恶,上未必察之而勿之施也"。民众企盼"英明"决策,无异于缘木求鱼!而且,因群臣百姓不敢"妄议朝政",在决策的实施过程中,对目标的偏离不仅得不到迅速纠正,反而会不断加强,直至出现重大失误后才有可能被最高决策者感知,于是引起社会振荡。

如赖肖尔所见,日本人从过去的遗产中得到的"重要的政治财富,是政府具备伦理道德基础的强烈意识"。

应当承认,日本统治集团的抱负从不拘囿于政权利益,而是始终放眼于民族利益和国家利益。他们的战略目标是"看见必定要造成新的生命,然后旧的生命才可以继续;必定要能够接受世界的新文明,才能够在新世界中求生存;在国内的政治上,他更看得见一代的革命必定要完全为民众的幸福着力,必定要普遍地解放民众,才可以创出新的国家",旨在创造"为'人民的生活、社会的生存、国民的生计、群众的生命'而努力的历史"。

并且,这种统治理念和施政行为已被广大日本国民所理解和接受,实现"上下同欲"。正因如此,一百多年间,无论经济、政治、军事如何跌宕起伏,日本整个国家总能"上下一心"、全力以赴。

反观顾盼自雄的清朝,其重大举措罔顾民族、民生休戚,始终只为专制统治服务。

在甲午战争中,清廷一方面通过加征税赋维持军费,另一方面却不惜动用国库,耗费巨额银两为慈禧太后修园祝寿;参战清军治疗伤病的费用和营养费竟要个人承担,战地医疗无法保障。专制政权下,这种视百姓为草芥的愚民、殃民政策,怎么可能帮助清朝获取战场对决的胜券?

第三,睿智忠谨的精英素质。

首先是政治精英。据戴季陶考察,日本的改革"并不是由大多数农民或者工商业者的思想行动而起的,完全是由武士一个阶级发动出来的事业。开国进取的思想固不用说,就是'民权'主义,也是由武士这一个阶级里面鼓吹出来的"。

明治时期,一大批年轻的政治家、军事家和实业家得以进入政府决策集团。当16岁的睦仁天皇登基时,木户孝允、大久保利通、西乡隆盛等"明治三杰"的年龄分别为35岁、38岁、41岁,4位明治维新核心人物的平均年龄仅为 32.5 岁；其余骨干人物，如板垣退助、三条实美、岩仓具视、井上馨、山县有朋、大隈重信、大村益次郎、伊藤博文和陆奥宗光等，合计平均年龄为 32.6 岁。可以毫不夸张地说，日本整个国家的领导层是个"青年团"！联系古今中外列国历代的改革案例，统治集团的年轻化乃是不可或缺的成功条件。

道理很浅显，社会改革说到底是思维方式与行动方式的更新。虽说年龄层次较低者难免在经验上有缺陷，但其感觉、知觉相对敏锐，富于想象和创新，思维和行动能力强。在社会发生巨大变动、传统经验价值明显衰退的条件下，与年龄层次较高者相比，年轻人更能适应社会运动的快速节奏，所以在一切改革或革命中，他们成为运动主力和核心完全顺理成章。

明治政治精英"细心地在政治方面划清国家职能的领域，并在宗教方面划清国家神道的领域，把其他领域留给国民去自由行事。但是，那些他们认为直接同国家事务有关的统治权，作为新的等级制度的最高官员，是牢牢掌握在自己手中的"；"在每一个活动领域中，无论是政治的，抑或是宗教的、经济的领域，明治政治家们都在国家和人民之间定下了各自所属的'适当位置'的义务"。而日本官僚群体的忠谨、效率和诚实精神，则充分保障了国家机器的平稳、高速运转。

其次是知识精英。吉田茂特别指出，"改革的顺利推进，不仅仅依靠完成明治维新的领导者们，还有一部分人也发挥了重要的作用，他们就是其后出现的知识分子"。这些知识分子生活在德川幕府时代末期，曾在幕府翻译部门担任职务，或者在各藩研究西方情况。他们没有参加过明治维新的工作,但是其中有像福泽谕吉那样从事近代化人才培养事业的人,也有像大隈重信那样担任着官职的人,还有些人像涩泽荣一样进入了产业界。他们虽然从事着不同的工作,但是有着一致的主张,就是大胆引进西方技术和学习西方制度。

对比清朝,在政治精英和知识精英中能"放眼看世界"者凤毛麟角,即便有像伊藤博文那样有治理行动力、福泽谕吉那样有思想辐射力的人,也难成气候。

再次是实业精英。赖肖尔十分感慨:"许多发展中国家面临着日本曾经经历过的危机和灾难,但它们的领导人却以牺牲国民的利益为代价,在国外积累了大量的个人财富。但日本,无论是合法获得的还是非法掠取的利润,都没有被隐藏到国外安全的地方,也没有挥霍在摆阔气的浪费中。这些金钱被重新投资于日本或其他地区的有益的民族事业中了。"

进入21世纪,人类世界在日趋激烈的全面竞争中急速发展。中国要复兴和驰骋,需要像日本那样敢于、善于向对手和敌人学习、借鉴,彻底改良和提升体制、精英和国民素质。

现在,一批20世纪80年代去日本留学的有识之士,正在为我们全面了解、深入研究日本这个近邻而系统地选择一批反映日本社会、经济、文化的书籍,编成"走进日本"丛书。出版有关日本政治、经济、文化、科技等的译著,正是中华民族亟需的一项事业。

戴季陶先生在八十多年前留言:"要切切实实地下一个研究日本的工夫。他们的性格怎么样?他们的思想怎么样?他们的风俗习惯怎么样?他们国家和社会的基础在哪里?他们生活的根据在哪里？都要切实做过研究的工夫。要晓得他的过去如何，方才晓得他的现在是从哪里来的。晓得他现在的真相，方才能够推测他将来的趋向是怎样的。……总而言之，非晓得他不可。"

而今，这一期盼终于得到了强实践行。这是善举，也是盛举，更是壮举。我们拭目以待！

进入 21 世纪以来,日本家庭中,有兄弟姐妹的孩子却在快速减少

　　究竟什么是所谓的兄弟姐妹呢? 您思考过这个问题吗? 对这次所采访的对象,我们也提出了这个问题,得到的却是"这个问题很复杂啊""很深刻啊"诸如此类的回答。

　　因此,本书就从该问题的"哲学性"入手开始探索。

　　之前,在日本这个少子化的国家,就"有兄弟姐妹的比例是多少"这个问题做了相关调查。

　　日本国立社会保障人口问题研究所就关于"结婚 15～19 周年的夫妇有几个孩子呢?"这个问题做了长期相关调查,从而得出了未满 20 岁孩子们的"确定兄弟姐妹的数量"。

　　日本 2011 年发表的《第 14 次人口动向的基本调查》显示,兄弟姐妹两人的家庭占大多数。这个数据自 1977 年以来几乎没发生大的变动，一直保持在55％左右。也就是说，"兄弟姐妹两人"这种模式是日本人家庭的基准。虽然近半个世纪几乎保持不变，但其他部分好像在发生着变化。

表 0-1　　结婚 15～19 周年的夫妇拥有孩子数量的分布

年份	总数	0 人	1 人	2 人	3 人	4 人以上
1977 年	100.0％（1 427）	3.0％	11.0％	57.0％	23.8％	5.1％
1982 年	100.0％（1 429）	3.1％	9.1％	55.4％	27.4％	5.0％
1987 年	100.0％（1 755）	2.7％	9.6％	57.8％	25.9％	3.9％
1992 年	100.0％（1 849）	3.1％	9.3％	56.4％	26.5％	4.8％
1997 年	100.0％（1 334）	3.7％	9.8％	53.6％	27.9％	5.0％
2002 年	100.0％（1 257）	3.4％	8.9％	53.2％	30.2％	4.2％
2005 年	100.0％（1 078）	5.6％	11.7％	56.0％	22.4％	4.3％
2010 年	100.0％（1 385）	6.4％	15.9％	56.2％	19.4％	2.2％

注：数据来自日本《第 14 次人口动向的基本调查》。

由表 0-1 可看出，有三个孩子的夫妇从 2002 年的三成，到 2010 年下降到 19.4％，并且，没有孩子或者只有一个孩子的夫妇在持续增加。这就说明日本独生子女在急剧增加，有兄弟姐妹的孩子却在持续减少。

写在前面

尽管如此，也有很多家庭养育着多个孩子也是事实。在相同的调查中，好像"想多要一个孩子"的夫妇并没有减少，认为"还是孩子多比较好"的人仍然也有不少。

兄弟姐妹是命运共同体！

还是有兄弟姐妹好！这是经常听到的一句话。可是，这种情况在大家族比较普遍，而在身边没有照看孩子的人的现代社会，养育多个孩子有什么意义呢？为什么要有兄弟姐妹呢？兄弟姐妹究竟是什么关系呢？我们先从这些问题去思考吧！

在这次采访中协助我们调查的老师说了这样的话，即"兄弟姐妹们是宿命般的存在""是命运共同体"。

之所以这样说，只因为我们无法选择，包括出生的顺序、兄弟姐妹有几人、是哥哥、姐姐、弟弟还是妹妹等。因为无法选择，再加上出生不久要登记户口，人生往往就以这样的存在发展下去了，以"某某的哥哥"或"某某的妹妹"这样的形式存在。

于是，到了结婚年龄要离开家之前，兄弟姐妹们都是在同一个家庭里，享有共同的文化，对同一个父母喊"爸爸，妈妈"这样生活着的命运共同体。这种关系是血浓于水。

东京学艺大学综合教育科学系教授岩立京子老师就兄弟姐妹这个话题给出了这样的说明。所谓兄弟姐妹就是命运发生邂逅，在一个屋檐下共同生活的人；无论愿意与否都须共同拥有父母的期待、价值观以及父母创造的生活的人；孩童时代尤其不能因为讨厌就产生距离；这是非常现实的存在。

白梅学园大学校长汐见稔幸教授这样描述道："人有些东西是无法选择的。比如，出生的国家、时代以及父母。同样地，兄弟姐妹也是不能选择的。即便如此这就是你必须要背负的，宿命般存在着的关系。"

因此，是父母制造了这种命运的邂逅。

兄弟姐妹走着相同的道路

对于兄弟姐妹这个问题，孩子自身是怎样认为的呢？

在神奈川县横滨市经营"苹果树"幼儿园的柴田爱子老师，从事孩子们的保育工作长达四十多年之久，她给出了以下的回答。在"苹果树"幼儿园里，有一个叫结城的小男孩，他有两个妹妹，而且妹妹出生的时候他都在场。第一个妹妹日向子出生时他才五岁，最小的妹妹千寻出生时他已经是小学生了。日向子出生的时候，结城还说"有点害怕"，可是千寻出生时，他变得比爸爸还可靠，一直握着妈妈的手，喊着"妈妈，加油，妈妈，加油"为妈妈鼓劲，连千寻的脐带也是结城给剪的。

那时，结城是这样说的——"我们都是通过妈妈这条相同的路来到这个世上的，所以我要好好爱护她。"

听了这话我觉得说得很好啊。兄弟姐妹来到世界上的路径的确是一样的，尽管之前没有这样想过，但是，事情确实就是这样的。

顺便说一下，日向子和千寻这两个名字也是结城给起的。两个都是他认真思考而得出的名字。日向子是他想到"能成为暖洋洋的阳光般温暖的孩子该有多好"而得名,多么美好啊。而"千寻"这个名字的由来更是精彩。"寻"是测量海的深度的单位,人张开双手的长度是一寻,所以千寻就是千人张开双手才能够得到的深度和广度。"我认为这是个好名字,"他这样解释道。结城特别爱护他的两个妹妹,他还做了一个这样的约定:把脐带从母亲那里剪断的是我,我要好好守护妹妹。他也一直在好好地遵守这个约定。

有兄弟姐妹会更好吗?

前面提到的岩立京子老师这样说:"在独生子女急剧增加的时代,还是多些兄弟姐妹比较好。"

多兄弟姐妹的好处显然是有的,当然有兄弟姐妹必然也会引发一些问题。独生子女或许也会有一些有兄弟姐妹的孩子没有的问题。兄弟姐妹两人、三人、三人以上等都会有各自的问题。不过,兄弟姐妹越多越好这种说法的确有可取之处,因为可以拓展经历。

一般来说,亲子关系是一种纵向关系,而和幼儿园或者学校遇上的朋友建立的则是横向关系。在此基础上也有"倾斜关系"这一说法,就是以稍微年长的人为标杆,学习他们的长处,同时吸取他们做错事走弯路时候的教训。当然,在我们身边有些兄弟姐妹也会是这种倾斜关系。不管老是吵架相互仇视也好,还是关系要好一起玩要也好,孩子们确实能互相影响,进而拓展自己的经验。不过,经验的"质量"是好是坏就要具体情况具体分析了。

然而,独生子女是怎样的呢? 以前总是认为独生子女都比较任性,汐见老师却说:"事实未必那么简单。"

有说独生子女缺乏人际方面的交往容易变得任性,兄弟姐妹越多人际关系越丰富,这类的话都是比较片面的。独生子女有独生子女的好处,有兄弟姐妹的也有兄弟姐妹多的好处。

所谓的独生子女是什么呢?

兄弟姐妹之间的竞争、互相争着去获得父母关爱,以及一起玩耍的喜怒哀乐,这都是独生子女无法体会的。虽然以后通过交朋友也可以学习到,但是小时候在家里是无法体会到的。

因为没有兄弟姐妹,很多时候,自己的要求都会被完全认可,没有必要像多兄弟姐妹的孩子那样,为了实现自己的要求而操心,甚至偶尔还需要使用一些手段。

因此,独生子女大多都能坦率地表达自己的想法,也可以坦然表达自己的喜怒哀乐,而且没有必要去跟别人争父母的关爱。如果父母好好教育孩子的话,这些孩子就会没有歪心杂念,拥有比较圆满的人格。

大家都说独生子女容易变得任性,我认为并非如此。进入幼儿园或保育园时他们也会遇到各种各样的冲突和麻烦,因此他们并不像大家说的那么乖张任性。兄弟之间的容忍不过是世上万千容忍中的一种,一定不能忘记在各种场合都会体会到这种容忍。

如果感到忧虑的话,就有意识地去创造"不能太过自我的人际关系",这样或许会更好。

回到家以后,独生子就变成了一个人。吃晚饭的时候他们不能兴趣高涨地谈论兄弟姐妹间共同的话题,也不能体会到兄弟姐妹们共处一室生活的感觉。独生子女常常感觉自己是"孤身一人"。

独处的时间对人类来说是很有必要的。无论是谁,在死亡来临时只能是一个人。在世界上找不到和人类完全相同的其它高等动物,也没有人能完全了解我们内心深处的真实想法。

只有自己最了解自己,不,甚至自己也不了解自己。只好自己和自己对话,在内心深处反复思考:自己到底是什么样的人呢?

独生子女无意中都能拥有这种"面对自我的时间",从而养成了忍耐孤独的这种心境。

因此独生子女能够坦率地面对自己的内心,能够做到既不骄傲自满,也不羞赧,认知自我形成独立意识:"这就是我。"独生子女们不具备有兄弟姐妹的孩子所拥有的各种克服矛盾经验的强势,但是他们能够掌握独自忍受孤独、敢于面对自我的自我塑造能力。无论什么样的孩子,无论什么样的环境,都会有其不足,也会有其相应的收获。(汐见老师)

兄弟姐妹的苦难——长子的辛酸

接下来,就对有兄弟姐妹们孩子的优缺点比较一下吧。

双胞胎除外,兄弟姐妹的出生都会有一定时间的差距。次子出生之前,长子都过着独生子女的生活。这期间,长子可以坦率地向父母说出自己的心情,提出自己的要求,并且这些也都能被父母接受和理解。

不过,接下来次子就要出生了,虽然事前长子已经听说"弟弟或妹妹就要来了哦"之类的话,但是究竟这个孩子来到家里的时候会发生些什么呢? 这是长子无法预料到的。

新来的孩子整天哭着要求喝奶,不断地麻烦妈妈。以前,妈妈的膝盖,妈妈的胳膊,这些属于自己的东西,现在都被这个小孩给夺走了。之前自己想撒娇的时候就能撒娇,想要抱抱的时候就给抱抱。可是现在这些权利完全被这个婴儿持有了。自己喊"妈妈"的时候,妈妈总是说"再等会儿",说完之后还是不会过来,而这个婴儿一哭喊,妈妈就会过去。

儿童精神科的医生佐佐木正美这样表述了长子的心情:之前作为独生子女是受到最优先的待遇,在次子出生后,从"最优先地位"中被挤出来。对于长子来说这并不是耻辱。或许父母认为"付出的爱给孩子们各分一半",可是站在长子的角度来看,父母的爱是被完全夺去了。

我们就这样来形容吧! 就好像是男人有了原配妻子以外的情人一样。本来的妻子并不会认为"得到丈夫一半的爱",而是认为"被丈夫背叛,爱情完全被剥夺"。请思考一下,这是相同的道理。

虽然父母想弥补长子的这种失落,但是由于要寸步不离地照顾次子还是没有空闲时间关心长子。汐见老师如实说明了长子克制自己的心理过程:"孩子就是孩子,却强烈地感觉到自己和婴儿的差别，不明白自己为什么这么悲惨不快乐呢？大人称其为嫉妒心，但是长子本人却无法理解。"如果像婴儿一样哭闹的话，或许自己也会得到宠爱，从而得到和婴儿一样的待遇。可是事实上是即便学着像婴儿那样闹，也不怎么有效果。

然后，长子就开始对次子发起"都是因为你我才不被宠爱"这样的攻击，也会趁妈妈不在的时候对次子使坏，但结局总是自己受到批评，还会被说"作为哥哥（姐姐）怎么可以这样呢"，结果总是这样事与愿违。

最后长子会发现这种状况是无法从根本上消除的，因为次子并不会消失。于是长子终于得出结论："必须要做一个好孩子。"自己只有按着父母的期望去努力的话，才能得到父母的赞赏，才会被夸奖道"不愧是哥哥（姐姐）啊"，才能得到期待中的笑脸，才能得到爱。次子是很难有这种意识的。因为心境不同，长子很容易变成对父母的期待很敏感的孩子。

次子的无忧，失败者的心境

长子确实比较辛苦。市面上之所以出版有《养育长男、长女的方法》的书籍，或许是真的有很多长子承担着这种痛苦吧。作为长子而长大的大多数人会说"次子不辛苦""不懂事""只有我很累"，说这些的时候，他们的眼睛里都闪烁着光芒。确实，长子真的很辛苦。

另一方面，次子是怎样的呢？汐见老师给出了这样的解释。

实际上,次子不像长子那样有那么多的冲突。即使稍微长大点之后,批评的主要对象还会是长子。看到这种情况,次子会总结出"自己不要像他那样啊""正是因为那样说才会挨骂的"这之类的负面例子,自然就掌握了正确周旋的方法。

因此,作为次子长大,容易拥有乖巧、不在意大人的目光、轻松随意等这样的个性,也容易形成自由奔放的性格。可是,次子一般能力不够,有些家里的次子无论怎么努力,都很难赶上长子。在亲子关系上,长子不得不去忍耐。但在兄弟关系上,长子会比较强势,次子会一直输给长子。所以次子也承受着和长子稍微不同的辛酸。

"中间的孩子"地位的下降

作为中间的孩子,如汐见老师说的那样:中间的孩子处于"大概是最可怜的孩子"这样的地位。即使第三个孩子出生,最大的长子的地位不变,而之前享受着次子地位的第二个孩子,在末子出生后,他/她就要变为哥哥或姐姐了。这时候次子就会毫无遗漏地,把长子当时的那种心酸全部体验一番。面对这种突然的情况变化,内心会有"唉?"这样的疑问和失落感。尽管如此,次子和长子的关系并不会发生变化。哥哥或姐姐还是依旧强大,吵架的话还是自己遭殃,挫败感还是一如往常。在孩子队伍中,站在不可动摇的巅峰位置的,依然还是长子。而且,第二个孩子常常用长子用过的旧东西,但是"再把这些给第三个孩子的话就太旧了",父母一般会有这种心理,从而给最小的孩子另买新衣服。

这真是对中间的孩子的考验啊。但是如果能经受住这种考验的话,中间的孩子的人生就会如汐见老师所说:最后,孩子只能通过培养自己的能力来生存。第二个孩子作为中间的孩子成长,为了不输给长子开始建立自己的策略,这样做的话还可以博得父母的关心,进而掌握控制人际关系的技能,可以说第二个孩子会更多地学会挑战。

兄弟姐妹两人和三人有什么区别呢?

兄弟姐妹有两个和三个有什么区别呢?岩立老师说:"比起三人的,兄弟姐妹两人的矛盾会更尖锐。三个人的话,无论一对一的关系怎么恶化,都还有一个孩子在。这个孩子作为缓和工具,在中立的立场上冷静地观察,争吵的形势也会发生变化,关系也就因此缓和。可是两个孩子的话,每次争吵都是同一个人同一个对手,闹起别扭的话,两人都朝向一边,处于一种胶着状态,相比有三个兄弟姐妹的,兄弟姐妹间问题比较多的还是有两个的情况。"

另外,随着孩子数量的增多,和父母的关系也在发生变化。柴田老师认为:"孩子的数量越多,父母就越能够意识到孩子多了,需要认真对待。在孩子的生活方式上、文化等方面会越来越重视。"

在独生子女的家庭里,一个小孩两个大人,大人数量较多,因此在家庭文化和生活方式方面能够维持"大人模式"。例如,在带着孩子用餐或外出时,夫妇则会轮流照料孩子,海外旅行的话比较容易成行。

家里有两个孩子的话,大人数量和小孩数量一样,但大人的力量较强,孩子们的生活还是很有可能和大人合拍的。不过,有三个孩子的话,大人只好去附和孩子了。

"孩子们多的话,家庭文化呀,做事方法呀,这些事情的中坚力量就变成了孩子,家长每走一步,都要听从孩子的,大人和孩子是不一样的,不是要按大人的步调,而是要尝试着跟随小孩的步伐。这种理解慢慢地在加深,这也正是孩子多的好处。"

实际上,抚养多个孩子的妈妈会有更多的经验。也就是说,一个孩子的时候,妈妈的睡觉时间和生活方式几乎没有太多变化,回头来看的话,就会有"孩子就像一个稍微重一点,需要花费精力的行李"的感觉。可是两个孩子的话,夫妇二人都有各自的"行李"而不能轮流照看。然而,第三个孩子出生后,周末乘电车外出的次数急剧减少,去的地方一般都是附近的公园或游泳池。但是这也会特别地开心。丈夫会变得特别喜欢玩冒险游戏,并教孩子们"升篝火""爬树"等。暑假的旅行,不在乎旅游目的地,一般都会选择去大海边悠哉地玩耍这种模式。

如此说来,兄弟姐妹是拥有改变父母的力量的。

目　录

第一章

养育非独生子女的重要原则

儿童精神科　　佐佐木正美教授[①]

佐佐木医生的建议

通过对于研究儿童与兄弟姐妹相关关系的育儿专家的采访，我们试图解决如下问题：如何教育家里的孩子们？困惑迷茫的时候该怎么样才好呢？

最先为我们答疑解惑的是来自儿童精神科的佐佐木正美教

---

① 佐佐木正美，三个男孩子的父亲，每个孩子各差两岁，自己则是三个兄弟姐妹中的老大。儿童精神科医生，川崎医疗福祉大学特任教授，横滨市综合康复中心参与者。新泻大学医学部医学系毕业后，在东京大学学习精神病学。在加拿大的英属哥伦比亚大学留学后，接受了儿童精神医学的临床训练，归国后作为儿童精神病科的临床医生倾注了自己的一份力量。由于致力于长年帮助自闭症患者及其家人的治疗方法的实践与普及这一功绩，2001年获得"糸贺一雄纪念奖"，2004年获得"保健文化奖"与"朝日社会福祉奖"，2010年获得"ERIC生涯业绩奖"，著作有《孩子永远"惯不坏"，关键你要这样带！》和《妈妈的心柔软又轻》。

授。在 COMO 上，连载了十多年的佐佐木正美教授的"育儿烦恼咨询室"，现在也在继续中。每个月都会收到很多有着育儿烦恼的父母的来信，有些烦恼乍一看与兄弟姐妹关系没有任何瓜葛，但仔细看了之后，因"只有大的孩子才有的辛苦"和"感觉父母偏向其他的孩子"的烦恼并不少见。这时，佐佐木教授总是能认清问题的本质，教给父母们该怎样关爱孩子的方法。

以《关注孩子的目光》系列丛书为代表著作的佐佐木教授，写作内容一贯以叙述站在孩子的角度看问题的重要性为主。佐佐木教授虽然语气温和，但是给父母的建议却不仅仅是温柔的东西。"真是无法成为像佐佐木教授说的那般完美的家长！"发出这种感叹的妈妈们的声音有时会传到我们这里，但是我们育儿采访组（主要是边工作边育儿的母亲）也通过这些取材屡屡深刻地认识到自己的不足。采访之后，通常是反省、反省再反省。

但是，在来回反复反省的过程中，也渐渐明白一些道理。那就是，佐佐木教授的话是理想，是原则。所以即使做不到像他说的那样，也没有必要陷入自我厌恶的情绪中（可能多少会陷进去些），但重要的是，佐佐木教授的话要记到心里，这些话，会成为照亮前行之路的灯火。

心中有不可动摇的原则，看向孩子的目光也必然会改变，目光一改变，行动就改变，用不了多久，就会注意到"啊，孩子变了！"。

在教养孩子方面，也有需要留在心底的原则。请仔细阅读对佐佐木教授的采访。

像照顾独生子女一样照顾每个孩子

——佐佐木教授,您认为有兄弟姐妹对孩子来说是一件好事吗?

我认为有兄弟姐妹,对孩子来说,确实有一些好处。孩子能学会和人打交道的方式。吵架与人和好的方法之类的,有兄弟姐妹的孩子能有更多的经验。即使不说"对不起"之类的话也能和好,没有兄弟姐妹的孩子是很难体会到的。

在生活中,即便是学历很高而且特别优秀的人,在人际交往中受挫的也不少。因一些鸡毛蒜皮的小事纠纷而无法回到原来的关系的话,在之后与人交往的过程中可能会感到害怕。如果从小的时候就自然地学会与人友好相处的方法,青春期和成年后会非常轻松。

多亏有了兄弟姐妹,所以无论是和年龄比自己大的朋友还是年龄比自己小的朋友交往,都很容易成为好朋友。正因为处在少子化的时代,这点就显得尤为可贵。

即使如此,我认为人际关系的基本还是亲子关系。特别是婴幼儿时期,比起兄弟姐妹,更重要的是父母与孩子之间一对一的亲密关系。无论有几个孩子,如能和父母一对一的相处,对孩子来说是非常必要的。

——也就是说,即使有好几个孩子,也要像对待独生子女那样一对一地面对孩子?

是的,我称之为"独生子女的时间",父母应当创造出全心全意对待一个孩子的时间,不管有几个孩子,都是很有必要的。

——孩子多了,好像就很难对付啊?

其实,解决这个问题并不难。比如,在别的孩子去辅导班或者参加社团活动不在家,或者只有一个孩子幼儿园放假在家的时候,父母就应当抓住这种只有一个孩子在家的机会,准备一些茶和点心,悠然和孩子闲聊,或者两个人一起出去公园散散步也可以。

所谓父母的爱,也只有在和孩子一对一的时候最能传达出来。

孩子和家长两人单独相处时,真的会非常开心。孩子虽然也很喜欢和兄弟姐妹一起相处,但是只有自己和父母单独在一起时他才会从内心里感到非常高兴。不仅在孩子小时候,而且在孩子青春期、青年期,也是一样渴望能和父母单独在一起。此时孩子们都会有着无以言表的愉悦和欢乐。

有了兄弟姐妹的话,孩子有时会以自己的方式来忍耐。我认为利用这个机会和孩子说说话也是非常不错的。如果让孩子觉得"妈妈理解了我的心情",那么在一些别的方面,他或许会谦让自己的兄弟姐妹。从家长的角度来说,也可以利用这个机会说出对孩子的期望,这比在其他孩子面前谈论好得多。如果能边吃点零食,边慢慢地向孩子传达自己的想法,这种方式就会更有效。

优秀的保育员虽然经常说"偏心不好啊",但是他们却很擅长"偏心"所有的孩子。不管有几个孩子在,他们对每个孩子都能像对独生子那样偏爱他们。

教育长子负起哥哥的责任

在佐佐木教授的交流主页上,"长子任性,照顾起来又费事"和"一点也不关心次子"这种烦恼咨询的问题特别多。

次子出生,长子嫉妒是很正常的事情,特别是在两个孩子一起相处的时候,长子会有"自己没有像次子一样受到关爱"这种不满。如果有三四个孩子的话,这种不满和矛盾可能会缓和一点,但只有两个孩子是最难办的。当然不管是三个孩子还是四个孩子,因为第二个孩子出生之后就变成两个了,所以要有这样的心理准备比较好,那就是第二个孩子出生之后将是最困难的时期。

因为长子至今为止都是一个人占有母亲的爱,所以会产生自己的母亲被次子抢走的疏远感,这时必须认真地考虑一下父母与长子之间该有怎样的关系,不能随意抱怨"真是,这也太任性了"这样的想法。

——具体该怎么做呢?

最好的方式就是,自从次子出生那天起,就坚持长子优先原则。父母虽然容易把次子放在首位,但是如果能意识到什么都是从长子做起就好了。泡澡,吃饭,换衣服,全部都让长子先来。因为次子刚刚出生,所以次子还不会嫉妒。

小宝宝哭的时候,如果长子说:"妈妈,您过来一下。"这时请家长来到长子身边对小宝宝说:"小宝宝,因为哥哥优先,所以你等一下。"然后对长子说:"不好意思,能不能一起照顾小宝宝,如果得到长子的帮助就好了。"然后对长子说:"啊,不哭了! 果然有哥哥在,宝宝就不哭啦,真是帮了大忙了。"像这样夸奖长子的话,我认为长子就会对家长说:"我来帮忙抱小宝宝吧。"

充分满足长子的要求

——如果什么都不说的时候,该怎么做?

如果长子哭闹着说"不是抱小宝宝,而是抱我",那就抱抱他也没什么。这意味着他在寻求母亲的安慰,如果不能充分满足长子的要求,长子就无法有一个哥哥姐姐该有的样子。

有的孩子不喜欢母亲给小宝宝喂奶,这时就对长子这样说就好了"右边的(奶水)是哥哥的,左边的是小宝宝的,那哥哥先来吧!"。大部分情况下长子都会说"我才不要呢!",这时就夸夸长子,对他说"啊呀,哥哥把两份都让给了弟弟,哥哥真乖啊",让哥哥脸上有光彩。

——如果长子说了"我也要喝!",就让他喝可以吗?

稍微让他喝一点也没关系,他肯定会说不好喝的(笑)。

如果孩子要奶瓶的话,提前准备好奶瓶就很重要。因为渴求关爱却得不到充分关爱的孩子,以后到了青春期就会产生心理问题。您可能会觉得"都几岁了还要奶瓶?",但正因为如此,这也说明这个孩子在成长的过程中有着某些缺失和关爱不足的情况。

孩子想要的东西,寻求的事物,不管是什么都满足他也没关系。这并不会导致孩子任性不讲道理,也不会阻碍孩子成长。反而,越是任性的孩子,必须实现这个孩子的愿望,满足这个孩子的心理需求。

不要一味要求长子快速成长

由于次子出生,长子变得任性又粗暴,很多母亲并不觉得长子可怜。

把次子放在首位来养育,就会不可避免经常出现这样的情况。父母一开始觉得,次子需要费时照顾所以没办法,优先照顾次子,之后渐渐地就会有"尽可能不管长子"的想法和倾向,也逐渐就有"因为是长子,所以一切都想让他自己做,不用再照顾他了"这种想法。

但是,即使是长子,也不是一开始就心甘情愿想成为哥哥或者姐姐的。他也想像独生子一样得到母亲的关爱。人啊,欲望得不到满足的话,就变得不能再温柔待人。即使是孩子,也将不会再做令人喜爱的事情。极端地来说,被虐待养大的孩子,不论让多么厉害的专家来治疗,即使他被温柔对待,也很难再将孩童般的可爱与纯真展现出来。

作为母亲有必要反思自己是不是"想让长子赶快变得像个哥哥该有的样子""所有的事情让他自己一个人做"这样的想法?

要记住:孩子,如果得不到家长的关爱,自己也不会去关爱他人。如果觉得自己的孩子不可爱的话,就要好好创造和长子独处的时间了。请让他尽情撒娇,给他关爱,他一定能成为一个可爱的孩子。

——如果真的觉得孩子不可爱该怎么办才好呢?

即使那样也要对孩子说出"你还是很可爱呀!",最开始只是用语言表达就好了,等到这样说了多次之后,内心会跟随语言,就像关爱被语言孕育出来了一样，心灵也会成长。

"让孩子尽情地撒娇"

——很多家长问道：孩子常常撒娇，是让他撒娇呢？还是不理睬他？

我认为让孩子撒娇和娇惯孩子之间没有区别。不要试图讲道理，应当尽情地娇惯孩子。娇惯这种事情，只有母亲能够做到。只有能对父母尽情撒娇，孩子才能对母亲感到安心。正是有了这种安全感，孩子才能自立。

英国著名的婴幼儿精神科医生维尼克特说过这样的话："对小孩子来说，和母亲分离就意味着失去一切，和母亲有良好关系才能得到足够的安全感（被保护的安全感）。孩子只有带着这份安全感才能渐渐地从父母身边离开，越行越远。"

如果想把长子培养成有哥哥姐姐的样子，首先必须让孩子尽情撒娇。

一直以来，孩子即使一个人能完成的事情有时候也会说"我做不了，来帮我！"。出现这种情况，一定是有原因的。这时，母亲无论多少次也请去帮助孩子。这时候就想着要养两个小宝宝就好了。因为渐渐地总有一刻，孩子会放开父母的手，所以就这样期待着这一刻的到来就好。

——上了小学，或许就不能坦率地撒娇了吧？

这种情况最重要的是，给孩子做一些他喜欢吃的食物，诸如汉堡包、意大利面之类的,做一些平常吃饭时孩子爱吃的东西就好。如果父母问"你想吃什么?",孩子说"我不知道",这种情况的话,就把食材拿给孩子看,和孩子一起选,对他说"你之前说过××好吃,要不就做这个吧?"这样一下子就拉近了父母和孩子的距离。

兄弟姐妹吵架时父母不偏不倚

——次子稍微长大后,兄弟之间争吵打闹也会成为家常便饭吧。

孩子间的争吵打闹一定会有的,我家的男孩子们小的时候,妻子经常说这些事:"孩子间的争吵打闹就像运动比赛一样,强者胜,弱者败,但是输了的一方不管败了多少次之后还会再发起挑战。"

看了孩子们的打架,我真得觉得打架是孩子们很擅长的事情,和体育比赛中的橄榄球比赛很像,橄榄球比赛结束叫做"No Side",这就是指比赛结束,无敌我之意。

而父母虽然充当了裁判员的角色,但不是像相扑和柔道比赛中那样,需要裁判员判定哪方赢了,而是像橄榄球比赛中检查在比赛中是否违规,比赛结束后宣布比赛终了。在我们家谁哭了,比赛就结束了。

——在孩子们的打架中,如果长子太厉害了,家长会不自觉地想保护次子吧?

但是,在体育比赛中可不能因为强势就可以违反规则。所以,在兄弟姐妹打架的时候,次子不论怎么处于弱势,即使明知自己敌不过哥哥姐姐,也会去跟哥哥姐姐打架的,即使输了哭了也好,他们最终还是会在一起玩的,所以说就顺其自然比较好。

如果父母参与了进去,成为某一方的伙伴,这个兄弟姐妹间的打架就变得不那么纯粹了。打架就会变成,为了让父母成为自己同盟的打架。

——即使如此,如果出现"哥哥打我了""不是,是这家伙先给我添乱的"这样两方争执不下的情况,父母也会变得感性,想要尽早给他们做一个决断。

父母没有必要变得那么感性。充其量都不过是孩子们的吵架而已。

如果孩子说这说那为自己争辩"啊,原来是这样啊""啊,原来很疼啊",父母边听边点头就好。如果孩子说"你不道歉我就不原谅你!"那母亲就代替孩子道歉就好了。

接着最后对孩子说:"你们都玩累了,吃点冰激凌吧!"之类的话让孩子转换一下心情就好了。不知不觉间,孩子们又会好好地在一起玩了。

"长子风范"在关键时刻就会显现

——在和佐佐木教授的交流中,也出现了这样的声音:"长子不想庇佑次子,或者是不想保护次子。"这是不是因为他们之间的关爱不够亲密啊?

其实并非如此。无论是长子还是次子,在父母面前都是平等的,这与出生的先后顺序无关。无论是哪个孩子都是站在同样的立场上向父母撒娇,相信能得到父母的庇护,在父母在场的情况下,长子是不会故意保护次子的。

但是,假设两个孩子在家看家时,发生了地震。这个时候长子绝对不会只顾自己逃跑躲藏的,一定会想要保护好次子的。

明明父母在场,长子故意采取像哥哥姐姐该有的风范行动来保护弟弟妹妹的话,可能是因为长子注意到了父母的脸色,或许是因为从父母那里感到了不安,这反倒会让人担心长子做这些事情的原因。

——以前听到过这种情况,就是父母在严厉地训斥次子,而长子一边哭一边向父母求情说:"饶了弟弟(或妹妹)吧!"

当父母放弃作为父母的立场时,长子会庇护次子。虽然我不清楚是什么情况,但或许看到母亲训斥次子,明明父母在场,但长子却像父母不在那样依然去庇护次子。

——那么,在父母面前,长子一点也没有哥哥姐姐该有的样子,这一点也不需要担心吗?

对,无须担心。

不要把学校的价值观用来比较孩子

——随着孩子年龄的增长,"哥哥在运动方面是万能的""姐姐的成绩更好""妹妹长得更好看"等等说法,在家庭里会经常听到,我认为如果父母简单地把兄弟姐妹的长处、短处互相比较,会容易让孩子产生自卑感。

在生活中,确实经常有家长用这种狭隘的价值观来比较孩子。

比如在学校,学习好的孩子得到的夸赞就多。如果学习一样的内容的话,或许会有人直言不讳地说:"这个孩子在这方面真有天赋啊!""这个孩子个子真高!""这个孩子长得真好看!""这个孩子跑得真快!"等等这种被相互比较的情况在兄弟姐妹之间也会经常发生。

但是父母绝不可以用那种短浅的目光来比较孩子,绝对不要把这种世俗的比较方法带到家庭里。

无论是喜欢帮家长做家务,还是很擅长画漫画,还是开玩笑能让一家人开怀大笑,这些事情的价值都是一样的。父母把这些事一件件地挑选出来,对孩子说"你很擅长做这个!""你干得很好!",如果家长能认可这些孩子的长处的话,无论孩子在学校里被如何评价比较,我认为孩子也不会产生太严重的自卑感。

——话虽如此,但是学习不好的孩子还是会经常产生自卑感吧?

学习这种事吧,需要看天赋,能学好的自然就学好了,学不好的也勉强不得。如果甚至连父母都责备孩子:"为什么不能像哥哥那样好好学习呢?"那这个孩子就没有立足之地了。如果是孩子希望的话,即使是家长在一旁看着孩子学习也没什么,如果是孩子说自己讨厌学习,家长一刻不停地盯着也没用。

和学习好这件事情一样,或者是其他别的什么事,都要去发现孩子的优点。

——希望您能在家庭里发现学校无法发现的孩子的长处,并对自己的孩子感到骄傲吧！

无论是哪个孩子，都是上天赐予的礼物

——我希望孩子长大之后，他们兄弟姐妹间的感情还是很好，佐佐木教授，您兄弟姐妹的关系很好吗？

是啊，对于自己兄弟姐妹间的关系，我没有仔细地考虑过，但是我觉得还是不错的。但是因为我住的地方离我弟弟们较远，所以也不能频繁地见面，经常见的倒是我妻子的兄弟姐妹们。妻子的兄弟姐妹共六人，从下往上数，妻子排第二。她有四个哥哥，一个妹妹。他们明明都七八十岁了，但在互相叫名字时，还叫"小××"，对我来说他们虽然不是亲兄弟姐妹，但是和亲的一样，彼此关系非常亲密、融洽。

——即使到了您这个年龄，仍能维持这么好的关系的秘诀是什么呀？

如果生活在同一个屋檐下，或许可以经常相互帮助和依赖，但是，随着大家都成婚成家，兄弟姐妹各自就开始自己的新生活了。

我认为即便在大家都离开了家，如果兄弟姐妹之间有什么需要帮忙的就尽管开口。不要想着"就为了这点小事而去麻烦别人，真是太失礼了！"，不要有什么心理负担，直接去求兄弟姐妹帮助就好。然后，自己的兄弟姐妹来拜托自己的时候，尽自己的最大努力去帮助别人，我认为这是能一直维持兄弟姐妹间良好关系的诀窍。

——这与父母的教育方法有关系吗？

或许有关。确实，我的岳父岳母都是很好的人。岳父曾是一位教育家，岳父虽然以前曾自问过"我是否做到了按照像正美君所说的那样来教育孩子呢？"，但是岳父从来不去比较孩子，是一位非常伟大的父亲。岳父曾有一句口头禅："因为孩子是上天赐予的礼物，所以对孩子有所不满就是对天上的神明有所不满。"

岳父不论对哪个孩子的存在都以感恩之心来养育，一个一个亲手拉扯大。

我认为，让孩子充分发挥自己所长，而不是去比较孩子，才是教育非独生子女的真正妙趣所在。

孩子增加了，真的会很难养吗？

孩子的数量越来越多，照顾起来会变得很麻烦吗？

● 在孩子一岁之前，每天都得忙来忙去特别辛苦。一旦过了一岁，就会好很多。如果两个孩子送幼儿园的话，就会轻松很多。我觉得这段时间肯定会想要第三个孩子的。（一个三岁男孩和一个一岁零两个月大的男孩的母亲）

● 长子和次子差了两岁。孩子小的时候，我一个人带着孩子去买东西，泡澡的时候确实很让人头疼。第三个宝宝出生的现在，我也不想着把所有的事情做到尽善尽美。尽量抽点闲空放松一下，度过这段时间就好了。（一个十一岁的女儿，一个九岁和一个四个

月大的男孩的母亲）

● 做家务的时候,我一直都背着小女儿。既能够一边通过亲肤育儿法照顾小女儿,又能一边照顾大儿子。什么时候女儿在背上睡着了就帮了我大忙了。（有一个三岁的男孩,和一岁零八个月女孩的母亲）

● 做饭,洗衣,打扫,一天到晚都在干活。小学和幼儿园又经常有活动,每天都睡眠不足。但是比起两个孩子的时候,有了三个孩子之后兄弟之间打架变少了,一看到三个孩子幸福地在一起玩耍,就赶走了我一身的疲惫。（有一个九岁和一个六个月大的女孩,和一个五岁大的男孩的母亲）

爸爸妈妈的闲暇时间会越来越少吗?

● 三个孩子一起玩的时候是我们唯一的空闲时间。每天做家务,照顾孩子都很累,有时候也会想哭。但是孩子长大了的话,不管要多少空闲时间都会有的。我现在每天都积极地向前看!（两个分别为十二岁和七岁的男孩,和一个八个月大的女孩的母亲）

● 因为长子还没有上幼儿园,经常带着两个孩子去买东西,逛公园。可能是因为小儿子的活动量比较大,两个人每天晚上八点半就进入梦乡了。睡着之后,就能有很多的空闲时间了。（一个三岁的女儿和一个一岁的男孩的母亲）

● 虽然大家都说老二(老三)弄起来不那么费事,但是年龄只差一岁的两孩子照顾起来还是非常麻烦的。因为几乎没有什么空闲时间,所以一个月中我会有两次把孩子交给我老公或者送我妈那里,自己出去转转。母亲也是人啊,也是需要空闲时间的。（一个

两岁零九个月和一个一岁零两个月的女儿的母亲）

● 第三个孩子出生之后，就没有空暇时间了。但是没关系，傍晚的泡澡时间，和孩子们一起慢悠悠地闲聊，亲肤育儿，这个时候特别放松。但是，和三个孩子在一起能泡一个小时，我就变得脸颊通红，就像要晕了似的。（一个七岁和一个五岁的男孩，和一个一岁零八个月的女儿的母亲）

花钱会变成以前的两三倍吗？

● 因为次子穿长子的旧衣服就可以，婴儿床也能用，所以我认为在花钱方面应该并没有那么紧张，比起一个孩子的时候，原本宽裕的家计随着第二个孩子的到来变得紧张，存款也变少了，在只有一个孩子的时候能多存点就好了。（一个五岁的男孩和一个九个月大的女儿的母亲）

● 因为长子一直在保育园，所以已经决定了在次子四个月大的时候也把他送到保育园。保育园的婴幼儿阶段（0～2岁）的保育费非常贵，长子到了幼儿阶段（3～5岁）保育费才会便宜一些。而且，两个小孩同时上保育园的话，第二个孩子的保育费就会减半。虽然是两个孩子，保育费和只有长子的时候的花销差不多，真是帮了大忙了。（一个三岁六个月大的女儿和一个一个月大的儿子的母亲）

● 长子穿旧的衣服可以使用，正巧也是在同一个季节出生的。尿布与纸巾，虽然涨价了，需要补买的婴儿用品倒没有增加多少，所以也并没有增加多少负担。还有地方政府的补助，真是帮了大忙了！（一个住在横浜市的母亲）

第二章

跨过次子出生的"危机"

幼儿教育学者　岩立京子先生①

有兄弟姐妹是件痛苦的事情!?

本章主要针对在备孕二胎以及三胎时最应该注意的长子的
"重返婴儿期"这一情况进行阐述。所谓的"重返婴儿期"是指因为
次子的出生,长子出现的倒退现象,即以前能够做的事情变得不会
做了,仍然固执于早就应该结束的婴儿时期的事情。通常表现为
撒娇地说"我也想喝乳汁",或者想用奶瓶或者婴儿专用吸管瓶,甚

---

① 岩立京子自己有四个兄弟姐妹,其为末子。自己育有六岁之差的两个孩
子,一个男孩,一个女孩。她本人是东京学艺大学综合教育科学系幼儿教
育专业教授,专业研究的题目是"从幼儿期到儿童期的道德性以及同情心
的发展、育儿和父母的成长"。岩立教授毕业于东京学艺大学教育学部,
完成研究生的课程后,又修完了筑波大学的博士课程心理学课程。在东
京学艺大学从教20余年,主要负责培养幼儿教育专家。同时,又兼职多
个幼儿园以及小学研究会的顾问、幼儿教育行政委员、NHK幼儿频道的
顾问等方方面面的活动。著有《明白孩子的教养》一书。(主妇之友出
版社)

至想要回到襁褓里。

对于苦恼于照顾孩子的妈妈来说,育儿烦恼的根源,以及如何对待"重返婴儿期"的长子,好像成了养育非独生子女的关键。我们请到了东京学艺大学综合教育科学系幼儿教育专业的岩立京子教授来解答问题。

岩立京子本人也是两个孩子的母亲,其中长子已经踏入社会,还有一个正在读高中的女儿。女儿出生的时候长子已经六岁了,尽管如此,长子仍然出现了"重返婴儿期"的情况。并且,刚出生的婴儿因剖腹产出生,患有先天性肺气肿疾病。岩立教授在结束生产的第二天早上,一醒来就看到了婴儿被放在双重保育箱里生死未卜。所以她说"女儿的出生不仅对长子来说是危机,对整个家庭来说都是危机"。如果不能跨越这个危机的话,就无法体验到"家庭又多一成员的幸福"。女儿的出生为什么会是家庭的危机呢?为了克服危机该怎么做才好呢?那就从下面开始听岩立教授娓娓道来。

良好的家庭关系是需要极其巧妙的平衡

——岩立教授说"女儿的出生在喜悦的同时也是家庭的危机"。这究竟是什么意思呢?

兄弟姐妹关系也好,亲子关系也好,都是发生了"命运的邂逅",不得不作为家人在一个共同体中生活的存在。无法避免,也无法离开。因此我们有意无意地都会想让家庭成员达到安定生活的平衡。虽然达到平衡就好了,但达到新的平衡并非易事。夫妇两人组成家庭刚开始也是很麻烦的,一旦有增加新的家庭成员,哪怕是刚出生的婴儿,也会对家庭体系造成无法避免的影响。因为最初孩子的出生造成父母离婚的也不在少数。例如,妻子是家庭主妇,每天打扫房间、精心准备营养均衡的食物,对丈夫的照顾也是无微不至。可是孩子出生后,就变得和以前不一样了。妻子想让丈夫照顾孩子或者分摊部分家务,而丈夫想让妻子一如既往地照顾自己。丈夫就会说:"家庭主妇明明很闲的,怎么你会忙成这样?"

孩子的出生不同于"单纯的加一",因为某些东西的加入会造成整体平衡上发生很大的变化。因此夫妇之间积极地重建家庭系统是十分重要的,如果丈夫埋怨妻子,妻子不信任丈夫,而这种矛盾又无法化解的话,最坏的情况就会造成家庭的崩溃。

两个孩子时是最大的危机!?

因为家庭成员的增加,人际关系也会变得比较复杂。因为夫妇是一对一的关系,所以关系线只有一条。在此基础上增加一个孩子的话,家庭关系就变成了三角形,除夫妇关系外,又引申出母子关系、父子关系三条关系线。这就已经很糟糕了,如果再增加一个孩子的话会怎样呢?家庭关系又变成了四角形,关系线从之前的三条突然变成了六条。而且,还会变成"母亲对两个孩子""大人对小孩"等多种组合。即使能维持以前的三人平衡,却不见得能维持住四个人的平衡。并且新出生的婴儿还不会照顾和关心别人,另外三个人就不得不为创造新家庭的平衡而做各自的努力。尤其是对于刚碰见此种情景的尚且年幼的长子是很大的负担。顺便说一下，如果孩子的数量增加到三人的话，家庭危机会不会变得更严重呢？

确实变成三个孩子的话关系会变得更加复杂。至于说到这是否会变成危机，实际上"两个孩子才是最大的危机"这种看法是很多的。这是因为三个孩子及更多的话，兄弟姐妹间的冲突和麻烦反而会变得缓和。并且父母如果很擅长关心子女的话，孩子们和谐成长，父母和孩子们也能够很好地保持距离。当然，如果有特别需要费心的孩子的话，随着人数的增加可能变得更加糟糕。总之，父母在次子出生时要做好"这是发自内心的"这样的心理准备。拥有第一个孩子的时候痴心于照顾孩子是很好的，可是第二个孩子出生后，对于父母来说，冷静的注视目光是很有必要。自己所拥有的时间以及关爱的表达方式都需要重新审视、重新分配。

无论次子几岁，长子都会出现"重返婴儿期"情况

——有家长问：有区分孩子"简单的任性"与"重返婴儿期"的方法吗？次子刚出生后长子表现出来的"重返婴儿期"，随着时间的流逝就不叫作"重返婴儿期了"吗？

并不是这样的，长子的"重返婴儿期"不只是表现在次子刚出生后，这种现象会反复多次出现。次子刚出生时，长子会出现"重返婴儿期"现象，次子两三岁时长子也会突然表现出孩子气状态。

长子不开心的时候、冷不防地模仿对次子恶作剧的时候,也可以将其视为"迟到的重返婴儿期"。

——长子到几岁时会出现"重返婴儿期"现象呢?

一般认为,最容易出现"重返婴儿期"现象是在长子两到三岁时。但是,即使长子已经是中学生,次子出生的话还多半会出现"重返婴儿期"现象。当孩子的状况突然变化时,或许父母最好要考虑一下和次子出生的关系。对次子的照顾确实是 VIP 待遇。从妈妈那里得到的宠爱,是不可能不让长子羡慕的。

婴儿无论是在肚子饿的时候还是在屁股尿湿的时候都会哭。对于这种情况妈妈会毫无怒色地说:"好了好了,乖宝宝。"长子看到后,也想回到母亲的身边。这也就让长子变得有偏见并且产生嫉妒心理。哥哥和姐姐在哭着说"肚子饿了"的时候,妈妈不会说"好了好了",而只是简单地责问:"你在说什么呢?"

随着年龄增长,长子再做出和婴儿同样的事情的话会影响其形象,加之自尊心影响,更不会做和婴儿一样的事情了。无法像婴儿那样直接撒娇的情况,对于父母来说有时候是很难理解的。在我家,长子六岁的时候才有了次子,因为我有准备,所以对"重返婴儿期"这样的事情早有预料。实际上"来了来了"这样的事情也有。在保育园里尿床啦,每天缠着问"我和小婴儿你更喜欢哪一个?"拉着我的手……不停地问我。

无论多么辛苦,长子和妈妈都是无法分开的

试着想想,孩子变成长子之前一直都是独生子,即使在六岁也

会有冲突。

当时，我的丈夫只身一人在静冈工作，于是在生二孩前暂时搬到了静冈。儿子也离开了已经习惯了的保育园，转班到静冈的保育园。虽然是不熟悉的保育园，但是因为保育工作者都很温暖体贴，所以孩子也一直很努力地在适应。然而，没想到刚出生的女儿患有先天性肺气肿，被医生告知"非常危险"。自己也苦于体质太差倍感痛苦。另外，家里顶梁柱的丈夫也出现了原因不明的大出血，被诊断可能是癌症而住院。虽然最后丈夫也没什么大碍，但刚生产之后的我和孩子在人生地不熟的静冈，就这样在两个病房之间往返度日。当时对我们家来说，确实是最大的危机。

当时，也产生过是否可以把儿子寄托到娘家的想法，但是因为不想让儿子认为"从家庭当中分离出来"，或者说是"被妈妈抛弃了"。所以，我坚持在两个人的病房之间忙来忙去。我和儿子两个人一起一路唱歌回家，就这样两人在走路的时候，我和儿子互相鼓励，毫无疑问地成了志同道合者。

父母虽然觉得把孩子寄养在亲戚家也没有关系，但是孩子在追求和睦平静的生活之外，还是对妈妈最依恋。次子出生时把长子寄养在奶奶家，长子哭着想妈妈，妈妈却不来接，结果长子回到家以后像变了个人一样搞恶作剧，去拍打婴儿这样的事情也是有的。长子嫉妒也好，乖张也好，说明了他渴望和妈妈在一起。当时，我的长子暂时托管的静冈保育园是很好的保育园，老师们也给了很大的帮助。我的母亲又来静冈帮了不少忙，使我度过了难关。

如果长子问"你最喜欢哪个孩子呢",要回答"是你哦"

——针对长子"重返婴儿期",该怎么办呢?

跟孩子的年龄也是有关系的,我家长子六岁,正是讲究措辞的时候。每到晚上就会问"婴儿和我,你更喜欢谁?"。也有人认为不应该回答"你更喜欢谁"之类的问题,其实孩子只是希望简单地回答"喜欢你",仅此而已。所以父母没有必要舍不得说出这样的话。无论被问多少次,我都会回答"更喜欢你""最喜欢的是你"。只要听到这些话,孩子就会流露出喜悦的表情。女儿出院后,尽管我手里抱着婴儿,但也注意多给儿子投入眼神和语言交流。尽管如此儿子也会时不时地吵闹甚至生病影响身体,着实让人担心。无论父母如何地尽心尽力,或许都不能达到让孩子百分百的满意。或许就是这样的呢,即便如此,也应该尽可能地投入感情,调整长子的不安感和嫉妒心,以便能够在某种程度上习惯次子的存在。所以对长子投入更多精力难道不是很重要吗?

年龄不同,"重返婴儿期"有区别吗?

年龄不同对父母的要求也不同,请了解一下各个年龄层的注意事项。和婴儿年龄差越小,越想得到和婴儿同样的照顾。年龄相差越远,在语言上的附和以及自尊心的保护越是有必要。

（一岁之差）两个都是婴儿的状况

在长子在一到一岁半时生次子的话，一般就比较难有这种长子"回归婴儿期"的意识。

父母不能强迫孩子去忍耐，会以这是"两个婴儿"这种想法来应对。虽说在体力上是够呛，这样的话就不会在两个孩子之间萌生出太大的不公平感不是吗？长子在一岁多的时候，或许会出现嫉妒的情况。两到三岁之差的孩子同样适用这一对策。

（两到三岁之差）重返婴儿期的最多的情况

对于这种年龄的孩子来说，次子的出生就是"某人的突然出现，完全地吸引了父母的目光"这种说不尽道不明的现象，真是严重危机啊。随着智力的发展，长子也明白了家庭变化的原因是由眼前这个婴儿造成的。他也会出现拍打婴儿等出于嫉妒心而采取的行动。两岁时会在父母看得见的地方打婴儿，到了三岁时可能会想背着父母打婴儿。因为从三岁起小孩可能变得会说谎了，了解到会被父母责备，所以会偷偷地做这些事情。想要使用奶瓶，吃饭想让妈妈喂的情况也是有的。虽然已经脱离襁褓，仍然会反复尿床、故意做出各种失败的事情、口吃或者抽搐这种神经性坏习惯也时有发生。这是内心失衡的信号。这个时候对父母来说重要的事情是不能产生"次子还小不能对其放任不管、长子已经长大了可以自己做自己的事情了"这样的态度。父母如果对长子上心的话，便会使其迅速回到起点。

次子是婴儿必须要照顾，长子与其说需要照顾，不如说是想要妈妈的爱和可以跟妈妈撒娇的机会。感知到孩子的需求而且尽量满足他们,才是问题的最好解决方法。

（四岁之差）确认其在幼稚园和保育园里的表现

　　大多数四岁的孩子已经进入到幼稚园和保育园这样的集体生活。长子的心在园里得到充分的满足了吗？这是想要注意的地方。在保育园里有的孩子能够消除不安感,但也有些孩子一遇到麻烦就变得粘着父母。遇到这种情况就有必要向幼稚园请假休息。并且在幼稚园里,长子对朋友们恶作剧、且不参与集体活动的也不少。有的孩子在保育园里面很努力,但是,如果家庭不发挥安全地带动作用的话,集体生活也会变得不是很顺利,父母需要和老师进行密切的联系。

　　到了这个年龄,会有"成为哥哥或姐姐"这种喜悦。为了满足孩子的自尊心,父母可以说一些"帮了大忙哦""有你在很开心"诸如此类感谢的话。反抗性地说"妈妈真讨厌"、欺负还不懂事的婴儿的情况也有,这个时候不能简单地判定长子是"性格不好"或者"爱捣鬼的孩子",请不要忘记"重返婴儿期"这一问题。

即使孩子年龄在增长,想要被满足的想法是一样的

（五到六岁之差）支撑着"小妈妈"和"可依赖的哥哥"

　　这个年龄随着认知的发展,能够理解"不照顾婴儿的话会死掉的"这种道理,也变得能够大致控制自己的情绪,一不留神父母就会深信"长子犹如小妈妈""很厉害的哥哥"这些事情,以至于忽视

了基本事实。可是仍然会有一些无法控制的悲伤以及不满足。为了抑制这些情绪，"你也是很重要的"这样的能够在父母的语言以及感情里感受到的东西也是必不可少的。因为五到六岁的孩子也是小孩子，也希望给予照顾。他们也想要"帮了很大的忙，今天做了妈妈喜欢的事情""多亏了你一直这么努力，给了妈妈重要的东西"诸如此类吸引父母注意的表扬。

(小学生)注意不要过于严肃地对待

小学生的话，有很多小孩子想要一起照顾婴儿。这也不仅仅是"引起妈妈开心"，而是孩子大了，有了照顾弟弟妹妹的意识，有的哥哥在照顾婴儿的时候会说"婴儿总是握着东西呢""他笑了"诸如此类的话。

妈妈请留意孩子在学校的表现。母亲容易认为"孩子已经足够大了"而因此很放心，其实在入学后孩子可能不适应学校，和朋友关系处理得也不是很好，但是因为有婴儿在，所以扮演着"在家里不得不忍耐"这样的好哥哥好姐姐的角色。虽然已经是小学生了，在家里被妈妈宠爱补充能量也是必不可少的。

对学习方面的问题也要注意。在孩子撒娇说"作业不会做，要妈妈爸爸教"的时候，在孩子做过就忘记的事情增多的时候，当孩子把学习当成讨厌的事情的时候，父母一定不能简单地批评责备，请从说不定这是"重返婴儿期"这一角度来考虑。我的一位熟人曾说："孩子有时会说婴儿在，我不能集中注意力去学习，要到自己的房间里写作业，然而，可能作业一点也没写。"因此不妨对其说"在客厅里写作业也可以啊"，这样，长子每天就变得认真完成作业。

要记住虽然已经是小学生了,但是只有跟父母在一起的时候孩子才能安心。

控制住"次子更可爱"这种心情

——对了,也有这样的妈妈,她们认为次子最可爱,与其相比长子就有点……

是的,实际上这并不在少数,婴儿确实看起来比较可爱,因为婴儿很小很柔弱,能够刺激父母保护他的心情。一方面也是因为长子会嫉妒次子,而对次子搞恶作剧,让自己变得很粗暴。在妈妈们当中,就会有一些这样的人,她们会产生"一定要好好保护婴儿""长子总是捣乱,不想让他在身边"这样的厌恶感,并且她们也把这种情绪表现在言行举止上。或许是母亲身边少了帮忙的人,母亲自身也被应付两个孩子累得要命,没有多余精力。如果不早点转变思想的话,这种亲子关系就此定型,变得无法恢复的可能性也是有的。

我在育儿演讲会上,也听到过这样的提问:读小学高年级的女儿最近很奇怪,变得和父母也不怎么交流了,怎么去改善和女儿的关系呢?我会建议说她现在还是小学生,正是改善母女关系的好时候。可以在孩子心情好的时候,有意无意地尝试说"我给你做好点心试着吃吃吧"。建议从日常对话中恢复亲子关系。当然,也许有的妈妈会说"那样的事情我做不到""我也是有父母的尊严的,让我对她妥协肯定不行"。

如此一来,在这个女儿和母亲之间可能萌生了同性之间相敌对的心理。从精神分析学上来说,对于同性的家长出现排斥意识是在五六岁的时候,如果这个时候还认为妈妈是很厉害的,无可匹敌的话,那自己就会试着学习妈妈的长处来使其成为自己的价值。可是,在这个阶段如果不能建立好的关系的话,到了青春期会变得叛逆,"不想成为妈妈那样的人"这种想法会特别强烈。在此妈妈要是很固执的话,有可能一辈子母女关系就这样固定了。

尽快满足孩子的想法

——对次子的嫉妒以及对父母的不公平感终生会无法消除吗?

在婴幼儿心理学课堂上,好多名学生从自己亲子关系的经历出发提出了各种问题,有个学生是这样说的:"我是长男,一直都是好哥哥,现在和弟弟的关系也不是很坏,可是为什么无论我如何努力,都是弟弟更受宠爱呢?"至今我还在考虑。有位女学生说:"从小妈妈就喜欢弟弟,而不喜欢我,现在我又太胖了也没有魅力,所以也找不到男朋友。"而就其这种不安的根源,就是小时候她妈妈没有及时满足她对爱的需求。

长子出生以后,无论是谁都或多或少,在和次子作比较后都会产生不公平的感觉。可是随着孩子们成长,这种想法也在逐渐消失,才会意识到当年"妈妈只是一个经验不足的妈妈",幼年时的那种不公平想法就会消失。从这个角度说,所谓父母,对孩子来说有压倒性的存在感,孩子在精神上不能独立的话,也会变得不能如实评价自己的父母。

精神上能够独立的孩子和不能独立的孩子有什么样的区别呢?

从理论上说,婴幼儿时期亲子关系可能会影响到成年后的人际关系。亲子关系非常亲密、和谐的话,就会建立起和他人良好关系的基础。在什么样的集体里都可以做到人际关系和睦,从而也就变得能够自立了。

所以婴儿出生后,父母也要多关心长子,投入感情,稳定亲子关系。夫妇齐心合力,对于长子所追求的东西也尽可能地满足。我认为这是跨越家族"危机"的根本所在。

如果打算生几个小孩的话,差几年为好?

——"快乐"和"糟糕"竟然差这么多

一学年之差

快乐:育儿知识与便利物品非常管用。

糟糕:每天都忙于照顾两个婴儿。

一岁之差,长子还依然是个婴儿,在吃饭和换尿布方面给予帮助也是很有必要的。因为孩子们无法控制自己的感情和行动,妈妈要有照顾两个婴儿的魄力和体力。但是,一口气连续生两个小孩也有好处,衣服在长子不能穿的时候,可以留给次子使用。

● 孩子差了一岁零九个月,不只是我,连爸爸也能够很顺利地照顾孩子了。糟糕的是,长子也会提出要抱抱的要求,抱两个孩子的话真的是太重了。(一岁零十一个月的男孩和两个月的女孩的妈妈)

● 照顾次子的时候,长子会经常大哭,特别辛苦。每天忙来忙去,但是偶尔看到长子抚摸着次子的头,安慰着说"别哭"的时候,就感觉到长子长大了,特别欣慰。(两岁大的女儿和六个月大的男孩的妈妈)

● 年龄相差近的话,玩具也都玩一样的。有时候,会出现姐姐在玩,妹妹非要摸,姐姐打妹妹或者把妹妹推翻。两人会大笑大闹令人头痛。(分别是三岁大和一岁零五个月大的两个女孩的妈妈)

两岁之差

快乐:让长子学着"靠自己"是育儿的乐趣。

糟糕:由于还想要撒娇宠爱,特别会出现"重返婴儿期"。

长子正是做什么都不情愿的时候。不遵从长子意愿的话长子会大发脾气。所以有很多妈妈说"如何照顾长子情绪是个大问题"。在问妈妈们几岁的年龄差最理想时,之所以最多的回答是"两岁",是因为可以让孩子们在考学和入学不重复的情况下,能够同时在同一个学校里上学。

● 因为哥哥想要坐婴儿车,就要用背婴儿的背带来背着弟弟。

可是,一边背着婴儿一边推着婴儿车去买东西的话是很麻烦的。结果就得利用送货上门服务了。(两岁四个月的儿子,五个月的女儿的妈妈)

● 长子特别依赖妈妈。因为担心哥哥是否会特别嫉妒妹妹,所以就尽量坚持长子优先。虽然偶尔会老吵架闹事,可是儿子仍然朝着"优秀的哥哥"方向长大。(三岁零八个月的儿子,一岁零两个月的女儿的妈妈)

● 因为是两个儿子,"战争"也已经开始了。我也不能总是批评哥哥,没办法就把两个孩子都托管在保育园里,期待两个人亲密玩耍的那一天到来。(两个分别是两岁零八个月和九个月的儿子的妈妈)

三岁之差

快乐:得益于长子能够做的事情在增加。

糟糕:以后孩子们上学和考试会重复。

长子慢慢地开始自立,能够做的事情也在增加。因为长子可以致力于照顾次子,妈妈总是会感觉到多亏了长子的帮助。有人想要避开这个年龄差,是因为担心将来入学和考试会重复。也有人认为在次子出生的时候要反复接送幼稚园的上下学也是很麻烦的。

● 长子总是说喜欢次子,并且能很好地照顾次子。两个人一起玩耍一起喊来喊去的时候真的是很可爱呢。还想再要一个孩子呢。(两个分别是三岁零十个月和一岁的儿子的妈妈)

● 比较听话的哥哥看到弟弟的笑脸总是很开心。这样的场景总是让我特别欣慰。不过,长子喊着要让抱抱的次数在急剧增加。

这是"重返婴儿期"吗？（两个分别是三岁零六个月和六个月的儿子的妈妈）

● 弟弟出生的时候，长子还处在什么都不情愿的时期。虽说接受弟弟了一段时间，但是认为自己是姐姐，所以变得想要自己的事情自己努力去做。（三岁四个月的女儿和八个月的儿子的妈妈）

四岁之差

快乐：哥哥或姐姐的长子意识提高，能够帮忙照顾孩子。

糟糕：长子的事情增多，在怀孕期间和刚生产后会比较忙。

由于这个年龄差，长子变得不需要太多操心。诸如换衣服上厕所之类的事情长子都能够自己做了，"自己是哥哥或姐姐"这样的意识也在提高。但有的妈妈也认为"不要对长子期望值太高，长子忍耐到极限会爆发"。

● 长子能够很好地宠爱妹妹，虽然妹妹会碍事但仍然会递给妹妹好玩的别致的玩具，特别细心。要教育长子不要把密封条和小珠子这样的小玩具塞给妹妹，还要时刻看着不要让婴儿把这些塞到嘴巴里。（两个分别是四岁零三个月和六个月的女儿的妈妈）

● 妹妹出生后，长子发生剧烈变化。早上去以前特别喜欢的保育园的时候会哭着说不想去，做什么事情都要求有妈妈陪在身边。变得比较固执。（四岁两个月的儿子和一岁的女儿的妈妈）

● 比较期待长子在幼稚园时，自己和次子待在一起的时间能尽可能多一些。虽然对弟弟来说长子是好姐姐，然而，因为长子要求抱抱的次数在增加，自己也尽可能地满足两个孩子的需求。（四岁七个月的女儿和八个月的儿子的妈妈）

● 自己怀孕期间和产前这段时间,都在从事幼儿园教师工作。虽然很辛苦,但是儿子出生以后能够获得妈妈和女儿的喜爱,也被大家宠爱着。(五岁的女儿和一岁的儿子的妈妈)

五岁及以上的年龄差

快乐:长子成为靠得住的得力助手。

糟糕:生活节奏和兴趣不同,不得不去忍耐。

因为年龄差很大,长子在照顾婴儿以及做家务方面,能够给妈妈提供帮助而成为很靠得住的助手。但是另一方面,年龄差较大的长子和次子的生活模式完全不同,睡觉时间和吃饭的时间点也受影响,想要去的场所也不一样,妈妈就不得不去迁就某一方的想法。

● 六岁之差,对父母来说已经好久不带孩子了。忘记的东西也太多,不会感觉到麻烦。最重要的是,哥哥能够积极地接受弟弟,并且能够发自内心地为弟弟的出生而喜悦,真的是很开心的。(两个分别是六岁零三个月和五个月的儿子的妈妈)

● 妹妹特别喜欢温柔的哥哥。因为八岁之差,第一个孩子时的生活环境等方面会有变化,所以收集新的信息是很有必要的。(八岁的儿子和七个月的女儿的妈妈)

● 因为九岁之差,姐姐就像一个小妈妈。因此我才能在养育孩子上比较轻松,儿子真是太可爱了。可是,跟照顾女儿时候不同,我体力已经大不如以前,跟着小孩跑特别辛苦。(九岁的女儿和九个月的儿子的妈妈)

3 第三章

长子的心声　次子的想法

幼儿教育员、保育家、绘本作家　　　柴田爱子教授[①]

对妈妈的难言之隐

看见长子的"重返婴儿期"或是对次子的恶作剧时，当妈妈的心里肯定特别不舒服。甚至有时候妈妈们还会心情低沉，发出这样的感叹："我自己累的快不行了，我对长子也毫无办法""要是没生次子就好了"等想法。

"但是，这也没办法啊！因为次子已经出生了，不可能把他变回去啊，只能让长子忍耐些了。"乍一看很严肃的发言，是出自已有

---

① 柴田爱子：五个兄弟姐妹中最小的孩子，幼儿教育家，保育员，绘本作家。"苹果树"的领导者。在东京私立幼儿园做了十年的正教员之后，1982年创立了以"贴近孩子的心灵"为原则的自主幼儿园"苹果树"。此后，每天与孩子们玩耍，一边向大人传送孩子们创作的各种节目，一边以维持孩子和大人的良好关系为目标。她以讲演会，绘本，随笔的撰稿人的身份，活跃在各个领域。著作《吵架的心情》，曾获第七届日本绘本奖。

四十多年的保育和相关经验的柴田爱子教授。

　　走进柴田教授经营的"苹果树"幼儿园,这是一所设在一栋普通的独户住宅内的幼儿园,附近的一块空地就是深受孩子喜爱的游乐场所,既能玩捉迷藏,又能随便爬树,保育员们(老师们)和孩子们互动着,也听不到大声叮嘱着"年龄大的孩子要让着年龄小的",或者是"不许打架"之类的话。在"苹果树",孩子们和大人永远都是对等的,所以在"苹果树"这里,孩子可以把无法对父母说出口的真实的心情给表达出来。一直都很畅销受欢迎的柴田教授的绘本《吵架的心情》一书,也收录了在"苹果树"里发生的事情。

　　这次,我们有机会让请柴田教授为我们讲述一下:次子出生后,长子难以忍受的回忆,他们如何面对这些痛苦和对母亲深深的爱。

"才不需要什么小宝宝呢!"

　　——在苹果树上学的孩子们,大多都是刚成为哥哥姐姐的孩子吧!这些孩子们,对于突然到来的小宝宝,是怀着怎样的一种心情来接受的呢?

　　以前,有三个孩子的弟弟或者妹妹刚出生。

　　我问他们:"刚出生的小宝宝们可爱吗?"他们都是边点头边说:"嗯!"在那之后,我也是接着问:"虽然小宝宝很可爱,但你喜欢吗?"结果他们也都是边点头边说"嗯"。

　　我问他们:"这样啊!那什么变了呢?"他们回答说,"妈妈变了。"一个孩子说:"看着小宝宝时的妈妈的表情和平常不一样。"那说明孩子观察到妈妈对小宝宝非常温柔吧。

还有的孩子说："以前晚上睡觉的时候,妈妈一直脸朝我这里的,但现在都是背朝我了!"这大概是三个人睡觉的时候形成"川"字形,妈妈在正中间睡的缘故吧。让小宝宝一边喝着母乳一边入睡,结果长子就只能看见妈妈的背了。

别的孩子还有"以前妈妈和我一起洗澡,但现在只和小宝宝一起洗了""以前会给我讲睡前故事,但现在不给我讲了"等问题接连不断。

虽说是长子,但是毕竟还是个小孩子,偶尔也会想向妈妈撒娇。但是因为妈妈的怀中有小宝宝,所以不能再向妈妈撒娇了。所以,长子们也不由自主会产生"真的不喜欢小宝宝"这种心情。

——为什么要向孩子们问:"小宝宝是不是多余的?"这种问题呢?

因为当时,正好发生了一件事。有一个四岁叫做健吾的孩子有一次跟朋友打架打输了。然后他什么也没有对我们说就回家了。于是我就和他的好朋友小山去接他了。途中我问小山:"为什么他回家了呢?"小山告诉我说:"他一遇到不开心的事情,就想找妈妈。"我心想原来如此,因为一个人回家比较危险,所以我就和他约定好,以后不许一个人未经允许随便回家。

在这之后不久,大家在附近的公园玩的时候,健吾一不留神就掉到水池子里了。我想:"不好,他又遇到沮丧的事了。"为了以防万一,我又跟他说:"不要一个人独自回家哦。"但是一不注意,他又溜回家了。

四岁的小孩也能听懂大人说的话了,健吾本身也有着想遵守规则的心情。但是他家小宝宝刚出生,健吾担心会失去妈妈的爱,所以不论我怎么劝说,也无法打消健吾对妈妈的思念。

我想向大家分享,就开了个会,包括健吾回家的事情在内,底下有弟弟妹妹的三个孩子的心情大家都知道了。

"大家一起努力吧!"

——柴田教授对三个长子说了什么呢? 如果孩子说"弟弟妹妹是多余的",大人就不知道该说什么了。

我是这样说的:"小宝宝如果不喝妈妈的奶就活不了了,实际上妈妈每天照顾小宝宝也很累的。所以呢,在小宝宝稍微长大之前,你只能稍微忍耐一下了。"

——啊? 这对孩子来说,可是很直接的话啊!

是吗,但是也只能这样了吧。即使再怎么想"要是没有小宝宝就好了",小宝宝也不会变得不见的,所以只能努力忍耐啦。

我认为,没有必要觉得长子很可怜。因为小宝宝已经出生了,所以就只能接受这个现实了。我觉得妈妈直接这样说就好了:"对不起,小宝宝出生了可能会让你觉得很孤独,但是妈妈现在也很累,所以能不能再稍微地忍耐一下呢? 直到他稍微长大一点之前,和妈妈一起努力吧!"

——但是,这对长子来说也许是个很沉重的请求吧。

是呀,对长子来说,会有着难以忍受的孤独,即使如此,也不能欺骗孩子啊,必须请求孩子忍耐,对孩子说:"抱歉,可能你现在会觉得很痛苦,但是小宝宝出生了,这是没办法的啊,所以还是忍耐一下吧!",必须把现状一五一十地告诉孩子。

即使是母亲,也需要时间去适应家里添了一员新人这种事,对长子来说也是一样的。虽然孩子会这样想:"讨厌,我不要这样的宝宝!"但是时间久了孩子就会接受现状的。确实长子很可怜的,但是他却不会一直这样沮丧下去。随着相处时间的增加,家里也添了一员新人,大家都能渐渐共享这个好处。

因为孩子也会以自己的方式努力,所以请尊重这一点,必须好好地向孩子表达谢意。实际上,母亲因为生产之后会很焦虑也会很累,对长子可能不太温柔的情况比较多。所以,要好好承认这一点,做不到的话就要认真地向孩子道歉。这一点,是绝对不能逃避的。

确实,能得到家长理解"小宝宝是多余的"这种心情的处理方式和训斥孩子"都已经是哥哥了,怎么还这么任性啊?"另一种处理方式,即使在同样困苦的情况下,孩子的心里也会完全不一样。

困惑的时候,人们在想做什么之前,更想得到理解,这一点无论对大人还是孩子来说都是一样的。

对孩子说"再稍稍忍耐一些!",孩子就会绽放笑颜

——在那之后,健吾怎么样了?

在健吾的母亲生产之后,由别的妈妈们来帮忙给他做便当。但是有一天,他得到了妈妈亲手做的便当,围着这个便当看的孩

子,说了这些话:

"健吾,妈妈给你做了便当了吗? 真是太好了!"

"健吾,再稍微忍耐一下啊!"

对于忍耐这个词,虽然我们并不知道孩子们是不是真的理解了这个词的意思,但是健吾高兴的边点头边说:"嗯!"

健吾在大家面前说完这些话的那天之后,即使是和别人吵架了,或者是遇到失败了,都不会再一个人跑回家了,这还真是下定了忍耐的决心了。

——健吾君,克服了不少困难呢!

是呀,所谓亲子,就是要一起克服困难,这才是最重要的。

——"因为长子很可怜,所以把长子的想法和心情都放在首位"这种教育方式才是最理想的。如果能做到这一点固然是好,但大部分人做不到这些。

我觉得,如果家长做不到的时候,对孩子就说:"抱歉,妈妈已经很努力了,现在无法照顾你,虽然很对不起,但你能再稍微等等吗?"

——如果觉得自己无法跟孩子顺利沟通的妈妈该怎么办才好呢?

你听说过《一点点》①这个绘本吗? 小宝宝出生后,姐姐已经很努力地忍耐了,也不依靠妈妈,一切都由自己来做,一直都是靠"一点点"来取得成功的。真是坚强啊! 但是如果最后姐姐对妈妈说:"能不能稍微抱我一下呢?"妈妈会说:"不是稍微,让我多抱抱你可以吗?"

———————————

① 龙村有子作/铃木永子绘、福音馆书店。

在"苹果树"幼儿园里有第二个孩子的妈妈们中,这本书特别受欢迎。大家都说:"都是多亏了这本书,我们才能克服种种困难!"妈妈说由于让孩子看了这本书,所以就对孩子说"妈妈理解你的心情,知道你的心酸,但是再稍微努力一下吧!和妈妈一起度过这个难关吧!"把自己的心情传递给孩子。

类似的绘本有《皮特的椅子》,有的绘本也传达了觉得很困苦的长子的心情,妈妈通过把绘本的内容读给孩子听,让孩子明白困苦的不是自己一人,妈妈也特别累,就会知道"妈妈虽然理解我的心情,但是她还无法顾及自己",读这本书的时间就是母子心灵交流的机会。

即使是次子,也有自己的辛苦

——虽然长子会经常说:"我要不是家里的老大就好了。"但是想成为长子的次子却很少。柴田教授是家里五个兄弟姐妹中最小的一个,果然家里最小的孩子才是最受宠爱的吗?

确实,我小的时候觉得"啊,是家里最小的孩子真是太好了"。但是最小的孩子也有自己的心酸。因为不管多努力,你都不会超越自己的哥哥姐姐的,无论是体力还是智力,什么时候也比不上自己的哥哥姐姐。最小的孩子往往被认为精明乖巧,在社会上具有生存能力,实际上或许是这样,但是,不管做什么都赢不了哥哥姐姐的这种心情也是很痛苦的啊。

我的父母是对孩子们之间关系从来不干涉的。我平时不叫他们"哥哥""姐姐",而是直接叫他们的名字。尽管哥哥姐姐们成绩非常好,但是,父母从来没拿我跟他们对比过。比如有一次在吃早饭时,就我碗里的鲑鱼比较小,我抱怨道:"啊! 我的菜好少!"大哥却说:"反正形状也差不多大,差不多行了!"但是我非常生气,说道:"兄弟姐妹之间明明就是平等的,为什么偏偏就我的鲑鱼那么小,真偏心,我不吃了!"结果我没有吃早饭。

在小孩子看来,被"永远都赢不了哥哥姐姐,又是个爱哭鬼,靠不住的弱者"这种评价纠缠住,有时也是无法忍受的事情。不过到了现在这个年龄,我才是成了兄弟姐妹中最值得依靠的(笑)。有时候也希望父母能够了解到次子的这种自卑感。

——家长对长子抱有很高的期望,但是对次子却不怎么期待,因为这些,次子会觉得有些孤独吧!

是呀,父母总说,老了之后希望长子能照顾他们。我有一个朋友是家里最小的孩子。他说他明明想照顾上了年纪的父母,但是父母还是去了长子家里。他说:"父母无论什么时候都不相信自己,虽然小时候备受疼爱,但很少被父母夸赞过,所以我变得产生了'反正不管自己怎么努力都不行'这种想法。"明明都已经是这种年龄了,但是他还残存着这种回忆。

——不被期待,不被夸赞,或许可以觉得比较轻松?

是啊,但是一直处于被保护的立场的话也挺痛苦的。想来,最小的孩子是家里的弱者,所以我也一直想像哥哥姐姐一样得到父母的认可,想被依靠。就是因为有这样强烈的愿望,才会想朝着自己会被认可的那个方向发展。

我现在从事着与教育子女相关的工作。所谓育儿或是护理,就是成为弱者的同伴的工作，出乎意料的是有好多保育老师都是次子，或许是因为想被人依赖所以才参加这个工作的吧！

妈妈真正喜欢的是哪一个孩子呢？

——因为是最小的孩子，所以您是五个孩子中最受疼爱的吧？

或许是吧，但是这是在我所知道的范围内，妈妈就觉得大哥才是最可爱的，所以我经常问："在我们几个兄弟姐妹中，谁才是最可爱的？"妈妈每次都会说："大家都是一样的。"我就会说"啊！太好了。"但是我能感觉到妈妈最喜欢的还是大哥。

母亲年老时，哥哥并没有怎么来看过母亲。我对哥哥说："我现在干了这么多事才会被妈妈疼爱，而哥哥什么都不做就会得到妈妈的关爱，所以你至少露个脸啊！"

确实（笑），我感觉我也能理解了，无论父母怎么回答，兄弟姐妹中肯定有"父母最喜欢的孩子"，所以我也能理解。

这个顺序很少能逆转，不管孩子怎么努力，对父母来说喜欢的孩子可能是不变的。即使这样，孩子也想听到父母说："大家都一样可爱！"因为孩子最喜欢得到父母肯定了。所以当孩子问道："你喜欢我吗？"其实孩子是很不安的。但是当他们听到"大家都一样""最喜欢你了"这种话或者态度时，即使隐隐感觉到自己不是最受父母喜欢的，但还是会想着"就是这样的"，就会放弃追问。所以，如果被孩子问到，即使是说谎，父母也有义务回答："最喜欢你了！"

在孩子小的时候，父母绝对不能露骨地显示出来喜欢哪个孩子,因为在孩子成长过程中,渐渐暴露出的问题,父母也一定不能说出来。如果做不到这一点,孩子们就会变成争夺父母关爱的对手。比如说,明明妈妈抱着次子在走着,而长子则在妈妈后面使劲地追赶,长子很希望妈妈能朝自己这边看,就会通过要么摔倒要么迟到来吸引家长的注意,但是妈妈却会很生气地训斥长子:"你这是在干什么呢!"

兄弟姐妹之间吵架时心情是怎样的呢?

——在这种情况下长子会不会产生"比起我,妈妈更喜欢弟弟妹妹"这样的想法呢?

我觉得会有这种想法的。就比如说兄弟姐妹间吵架的话就会这样。吵架的时候父母往往会介入,这个时候孩子只会考虑:"妈妈是帮谁呢?"

——啊! 明白了,我小的时候也经常这样想。

在父母介入兄弟姐妹吵架的阶段,吵架的内容都已经不重要了,怎么说呢,只有父母站在哪一方才是最重要的。

——当然了,父母也想听他们吵完之后再公平地裁决,但是吵架嘛,原因错综复杂,难以做到既公平又具有人情味的裁断。

即使这样,当父母下了"是你的错"或者"双方都有错"这样的判断的瞬间,被指责的孩子就会这样想"果然又说我!",有时也会这样说:"我就知道在妈妈看来,看来反正都是我的错!"

父母越是做裁断,孩子们关系就会变得越差。

即使一同受罚，孩子们也会觉得"我没有错"，并感觉到不平等。

所以呀，父母就不要跟吵架的内容扯上关系。孩子们之间吵架不要管就行了。孩子们之间因为距离很近，所以彼此都能说出自己所有的想法，之后关系就会变好，也不需要说"对不起""我们和好吧"之类的话，只要傻傻地笑着凑在一起，不论什么时候都能马上玩到一起。

即使是长子欺负次子，那也没办法

看见孩子们打架，家长就想要庇护较小的孩子，因为小的孩子较弱。

但是即使是家长，也会摆出不想被人看到的害怕的表情，大声地用让人恐怖的声音："弟弟妹妹没你厉害，所以你好好对他！像这样来吓唬小孩子。"

但是这也没办法啊。

如果父亲也参与进来了，父亲对母亲，母亲对长子，长子对次子迁怒，一层一层地绕圈子。因为长子能敌得过次子的只有体力，所以长子打一下次子，次子就哇地哭了，次子在力气方面比不上长子，就会叫"妈妈"，让家长跟自己一伙，然后家长就开始训斥长子。然后长子就又会继续打次子，但是这样就会让一家人像刚才那样周而复始，陷入恶性循环。

——是吗？怎么感觉负面影响只会越来越多呢。

嗯,确实不这样做或许会更好。但是我觉得,各自承受了各自的痛苦,如果能顺利地进行下去的话,这不就是一个健全的家庭吗?谁扮演像裁判一样的角色,即使对长子下了"你要对弟弟好点!"这样的判断,被强制接受的长子就会失去控制,如果一家子能够很好地相处的话,那还行,如果不行的话,肯定是家里哪个人在一个人地忍耐着,这才是最危险的家庭关系。

对孩子不要隐藏真心话

我认为大人能够诚实地面对自己,是一个家庭能够好好相处的大前提。比如说,像说"觉得长子不可爱"的妈妈也是,不要把这怪罪到孩子身上,要清楚地认识到无法公平地对待孩子的是自己。生第一个孩子的时候很紧张,很担心,很累。

第二个孩子出生后妈妈就能够预知到一些事情,所以多多少少都会比养育第一个孩子从容一些。等到照顾第三个孩子时妈妈已经非常熟练,绰绰有余了,因此,不管做什么都会说:"啊,好可爱啊。"即使无论怎么后悔"如果把第一个孩子像第三个孩子那样养育就好了",这都已经是不可能的事情了。

所以,如果被孩子说父母偏心的话,我觉得只有道歉了。

对孩子说:"多亏了你,我才能成为妈妈,谢谢你。不管你长到几岁,妈妈都没法成为熟练的老手。真的很抱歉。但正因为如此,第二个第三个孩子出生后妈妈才能像熟练的老手一样照顾你们。所有的一切都多亏了你,妈妈真的很感谢你。"

——那听到这些话的孩子,会不会觉得果然长子就是吃亏啊?

或许吧。但实际上,确实是有像这样被妈妈道歉的孩子。他是家里的长男,现在已经是大学生了,但是对那件事还是记得很清楚。

他说:"那时候,听到妈妈道歉非常高兴。"原来妈妈也不是全能的,妈妈也是一点一点学习着的啊,总觉得长舒了一口气。他说在那之后,他的母亲就把他作为一个大人来尊重了。他还说:"我说我想这样做,在一定程度上会得到父母的认可。所以真是太好了!"

即使没办法做到公平或者公正也没关系,如果母亲能够诚实地面对自己,我认为孩子也会原谅母亲,理解母亲。

尽管养育多个孩子,但仍意味着一个一个来养育

——希望随心所欲地生活的话,即使和常理有些不同,这份想法也能传递给家里的人吗?

我非常感谢自己的父母,一直都不以学校和地域的价值观来判断我,一直守护着我。我学习成绩不是很好,哥哥学习又好,又活泼外向,是受老师喜爱的孩子。但是我之所以不在意这些,是因为家长从不把我们进行比较。虽然学校的老师经常说:"如果爱子也好好学习的话,也会变得像哥哥一样优秀的。"但是我并没有想过"那就学习吧!",而是想着"啊,原来我认真学习也能像哥哥那样棒啊! 所以那就这样就行了"。

我母亲的口头禅是"人只要有一件自己喜欢的事情就好了,因为爱子喜欢钢琴,所以不用担心爱子"。那个时候确实是喜欢钢

琴,但直到当了保育老师这份喜欢的工作,才明白了自己是为了这个工作而活着的。

我的父母,对于孩子的价值观也没有干涉,即使孩子们之间相互打架,也不训斥孩子,也不干预。孩子们之间遇到问题的决定权,通常也都让孩子自己把握。虽然并不提前为孩子做些什么,但是孩子却有着被父母护佑的安全感。所以我们几个兄弟姐妹们都做了自己想做的事情。我认为,即使父母不去刻意地考虑让孩子从小就开始发展自己的个性,如果父母能够认真对待孩子的话,他的个性就能够慢慢培养起来。如果从很早开始就让孩子学习这那,为孩子付出学费,家长会很期待,追求成果。反而如果家长不期待孩子,让他们自由自在无忧无虑地玩耍,这个孩子的特点和个性就会无意中地显现出来。当这个孩子发现自己喜欢的东西时,家长要去支持他,就这样就好。

但是养育多个子女这种事,我认为还是要好好照看每一个孩子个性的,这个孩子是一个怎样的孩子呢?守护其成长,并在必要的时候伸出援助之手,如果这样做的话,之后就让孩子们在同伴之间相互磨炼成长吧!

一个孩子? 两个孩子? 三个? 理由呢?

为什么就要一个孩子?

● 生完第一个孩子后,身体就很不好,每天药不离身,原来真的

很想再要一个孩子,但是现在已经死心了。(一个十岁男孩的母亲)

● 现在 43 岁,等孩子长大成人,丈夫就该退休了,再要孩子的话对未来也会充满不安,所以就没有要第二个孩子。(一个七岁女儿的母亲)

● 我们夫妻俩都不是容易要孩子的体质,赐给我们一个孩子就已经满足了。(一个六岁男孩子的母亲)

● 因为想好好照顾一个孩子,所以不想再要了。(一个三岁女儿的母亲)

● 我在工作中找到了乐趣与自身的价值,再要孩子的话,可能会对工作有影响。(一个十一岁男孩的母亲)

● 孩子上了小学之后,自己自由的时间增多了,每天都很开心,如果要第二个孩子的话,自由的时间就会减少,这太恐怖了。(一个九岁男孩的妈妈)

为什么要两个孩子呢?

● 因为不论是自己还是丈夫,都有哥哥,所以自然而然就觉得该有两个孩子。(一个十二岁的男孩和一个十一岁女孩的母亲)

● 我也有一个弟弟,虽然关系不是十分的亲密,长大之后才觉得"有弟弟真好!"我们家的孩子们也觉得,对父母无法说的事情但是能对另一个孩子说出来。(一个十三岁的女儿和一个十一岁男孩的母亲)

● 怀孕是在意料之外的。(一个五岁和一个三岁的女儿的母亲)

● 孩子三岁之后,照顾起来也不像以前一样费事了,也不知原因,就很想再要一个孩子,结果在不知不觉中就……(一个六岁和一个二岁男孩的母亲)

● 因为想要女孩子,所以就努力了。(一个十二岁的男孩和一个八岁女孩的母亲)

● 因为长子百般祈求想再要一个弟弟或妹妹,所以就要了第二个孩子。(一个五岁和一个二岁的男孩的母亲)

为什么想要三个孩子呢?

● 因为自己是三个兄弟姐妹中的长女,所以特别喜欢小孩子,想尽可能多的要孩子。(三个分别是十三岁、十岁、六岁男孩的母亲)

● 我和丈夫都是独生子,因为我们的孩子没有堂表兄弟姐妹,所以想多给孩子几个兄弟姐妹。(三个分别是五岁、三岁、零岁女儿的母亲)

● 我们觉得两个孩子也不错,但是被一个有三个孩子的母亲劝说道:"三人就能组成一个社会,光看着就很有趣。"(一个六岁,一个零岁的男孩和一个三岁的女儿的母亲)

● 因为我听说"第三个孩子就像孙子一样,不管做什么都很可爱"。想体验体验这种悠闲生活,实际上,在第三个孩子出生后,才觉得自己从真正意义上成为了母亲,也改变了与前两个孩子的接触方式。(一个九岁的男孩和两个分别为八岁与三岁女孩的母亲)

第四章

当一个人照看不住孩子的时候

儿童心理学治疗专家　川井道子[①]

为什么只有这个孩子如此麻烦呢?

　　读了来自多子女妈妈们的调查问卷后,有很多妈妈都感到"在这几个孩子中,有一个非常头痛的孩子"。

　　别的孩子的话,都坦诚地回答说"我知道了!"。只有一个孩子不高兴,不听话还喜欢惹事。家长训斥他时,他就常常会固执地觉得:"为什么只有自己挨训呢?"虽然对于家长来说,每一个孩子都是自己的心肝宝贝,没有要把他们区别对待的意思,但是家长就会

---

① 川井道子,三个孩子的母亲(大儿子比二女儿大五岁,二女儿比三儿子大一岁)。改变育儿方法的治疗专家,生涯学习开发财团认定的教练。以自己育儿的烦恼经验为契机,讲授指导方法,多年举办演讲、讲座等多彩的活动,取得了治疗专家的资格证书。现居住在兵库县神户市。著有《构筑幸福的母女关系 女孩的教育方法》(昂舍)和《该怎么教育女孩?》(东方报社)。

想"为什么只有这个孩子那么费事呢?"。

顺便一提,在家里只有两个孩子情况下的长子和在家里变成有三个孩子的情况时中间的孩子,经常会变成"令人头痛的孩子",这不仅和出生顺序有关,还与这个孩子本身具有的强烈的性格特点也有很大的关系。

那么,像这样烦恼的一位妈妈曾经出了一本书,叫做《从今日起成为不再发脾气的妈妈!》(学阳书房),从开始售卖之日起的八年左右的时间里,被多次再版出售,得到了以妈妈们为中心的顾客的大力支持。该作者川井道子在这本书中,以浅显易懂的语言详细地讲述了妈妈们对"难以照管的孩子"该如何应对这一问题。

川井女士有三个孩子,大哥哥,和比大哥哥小五岁的小 peko,还有比 peko 小一岁的 poku 君(当然是假名)。三个孩子中,最费事麻烦且难以管教的是第二个孩子 peko,其难以管教的程度甚至超越了川井女士忍耐的范围。特别是三岁至五岁是最难管教的年龄段,peko 在从保育园回家的路上打滚哭闹,在超市买东西时和弟弟争抢手推车,一直打滚号啕大哭直到他的愿望被满足为止。川井女士也受不了他那压倒性的爆发力,焦躁地对 peko 发火,也渐渐丧失自信,觉得自己不适合教育孩子。川井女士只能对育儿指导的教练诉说育儿烦恼,听取教练的意见,在寻找解决方法的过程中,川井女士说自己和 peko 也逐渐发生了改变。

川井女士回首往事感慨道:"如果那个时候没有遇见幼儿指导的话,还不知这会儿会变成什么样呢?"回首那段时光,川井女士决定把当时所学到的育儿秘诀教给我们。

十分钟的路为什么要花一个小时呢？

　　——家里的老二 peko 要是按照川井女士的话来说的话，那就是"吵闹的大王了"。

　　是啊，总而言之，他总是说"想要的东西就是想要""讨厌的东西就是讨厌""peko 的东西是 peko 的""poko 的东西也是 peko 的"等这样任性的话。他的感觉越强烈，表现欲也就越强，是一个非常喜欢自我主张的孩子。但是，如果父母对他说不行的话，他就在那里静坐示威，或嚎啕大哭，或打滚胡闹。最初我也想着耐心地劝说他，但是往往到最后来我已经忍受不了，只得开始爆发从而教训他了。

　　比如说，我从保育园回家的路上会顺便去一趟超市，于是，孩子们就围绕着谁坐在超市手推车的座位上而相互拉扯打闹，poko 想先坐但是 peko 就把他的脚从座位上拉下来了，所以我说："那按顺序来吧！到了卖场之后换 poko 来坐。"先让 peko 坐，等到了卖场该换 poko 坐的时候，peko 还是紧紧抱住座位不放并说："不！我还想再坐一会！"没办法我只能说："那到了零食柜台给你买零食。"结果他就从手推车上跳下来直接朝着零食卖场跑去，但是 poko 一坐，他就会嚷着我还要坐，纠缠不休。终于总算走到了结账的收银员那里了，在刚结完账的那个瞬间，他又哭闹着说："我想要零钱！"在排得长长的队伍和收银员的面前，哭喊着："再来一次！"这时，想哭的是我啊！然后我就对他说："如果再不回去的话，就做不成晚饭了！"并向他提议说："明天再来吧！"但这些都不起作用。最后我生气地说:"你给我老实点!"把哭闹着的他硬带回了家。从保育园回家的路程明明只有十分钟,却经常要花一个小时才能到家。

我也每天都在反省,不可以对孩子发火,也想听听这个孩子是怎么想的,但是时间拖得越长话语也就逐渐变得粗暴。我说"你想说什么?""那个""那个是什么? 你到底想怎么样?""不是我想怎么样! 你听我说啊!"像这样越说,我怒火就越来越大。

——是不是正是因为有了比老二小一岁的儿子,所以才变得这么累呢?

是呀。poko 是最小的孩子,又稳重又乖巧的类型,为什么只有peko 自己是这样啊? 难道是我对他的爱不够吗? 我真的很苦恼。明明才四五岁,就像喉咙卡着鱼刺一般痛苦。

怎样教育才能让孩子变乖?

——然后川井女士接受了育儿指导了吗? 育儿指导到底是什么样的东西啊?

所谓的指导,是朝着自己的目标与指导一边商量一边设定出来的。对于怎样才能实现目标呢? 这个问题要和指导一起思考。

我和指导定好每周在固定的时间给指导打电话,讨论一小时的育儿苦恼。我对指导一直说着:"我的 peko 又这样了又那样了,是呀,我真的很生气。"并且和指导一起思考该怎么办才好,直到下次的课题开始。在一周后的会议上向指导报告课题能不能实现,如果不能实现的话,就再和指导商讨别的办法。

——川井女士的目标是什么呢？

当时对教练说了很多关于 peko 的问题，刨根究底的话，是想要改变 peko，想让 peko 成为好孩子。

但是在接受训练的过程中，不知什么时候，"想改变 peko"的心情渐渐没有了，"peko 是 peko""我是我"如果把 peko 变成别人的话，那就不是 peko 了。

——这真是令人钦佩的变化啊！您为什么能这样想呢？

指导的基本态度是"虽然在过去不能改变他人，但是在未来却能改变自己。想着要改变孩子就会很生气急躁，如果无法改变的话就束手无策而不知所措"，所以，我的想法开始逐渐向"为了改变现在这种情况，我又能够做什么呢？"这样转变。我如果从"我该怎么做"的视角来考虑的话，能做的事情就变得又具体又简单。

因为 peko 的事情烦恼的话，主语就经常变成 peko，例如"为什么 peko 不听话呢？""怎么做才能让 peko 变乖呢？"。但是，主语变成我之后，我就试着寻找我能做的事情。这个孩子闹人的理由是什么？考虑考虑吧！我跟这个孩子沟通的方式合适吗？我就是因为内心发生了这样的改变，就如同没有出口的隧道露出了光亮。

先改变自己，再改变孩子

——peko 变了吗？

是呀，一点一点地在改变。最大的变化就是，他不再打 poko 了。

peko 打 poko 的时候,我每次都会很生气地说:"为什么你要做这种事?"主语变成"我"之后,"如果 peko 打 poko 的话,妈妈就会很伤心的。"这样多次往复,大概过了一两个星期吧,peko 和 poko 争执的时候,peko 对着很担心的我这样说道:"我知道了,我如果打弟弟的话,妈妈会很伤心的。"然后就不打他了。

啊!我的心情传递给他了!我真的很感动,从此之后,peko 也不乱闹了,正因为我明白了该如何传达自己的心情,我自己也变得很轻松。至少,我厌烦的事情变少了。

——像"我想要××"这种类型的无理取闹也改善了吗?

就像施了魔法一般,已经没有必要消除他的胡闹了。因为 peko 就是 peko 啊。即使不去试图阻止他,他的胡闹也变少了。

首先接受指导的建议,在他纠缠不休的时候,把我和他的对话尽可能具体详细地试着写出来,但实际上大部分的内容都记不住了。所以,"把对话的内容认真地记住"就成为指导布置的任务。于是即使是当 peko 开始纠缠不休的时候,我心里想的是:"啊!必须记住对话的内容。"这时,自己就冷静了。虽然他并不会马上停止闹人,但我会变得很轻松。

——如果自己变得很激动的话,就很难再想起来自己说过什么了。

真的是这样的。所以试着写出记在脑中的 peko 的话的时候,才意识到其实他说的话也没有什么意义,就像不起作用的借口一样的东西。

而我却坚持与他理论"为什么这么做?""所以我已经说过了对吧!"想要说服他,实际上没有任何意义。

即使这样，也无法做到一切都顺着他，无法让步的时候也不会变得很极端，只会重复地说"今天已经不行了，回家吧！"。有一次，磨磨蹭蹭哭闹着的 peko 突然站起来边走边说："下次来的时候，要给我买好多东西哦！"

——他自己已经决定了呀！

是的，他自己提出了代替方案，真是令人大快人心。

啊，原来对于 peko 来说，最好的方法原来是这样啊！胡闹的时候，父母不要变得太感性，不管怎么样孩子都说 NO，要让孩子来说该怎么才好，对于教育 peko 的方法，我在那一瞬间终于稍微明白一些了。

怎样对胡闹的弟弟？

——对于 peko 胡闹的原因，与手足关系有关吗？

peko 对于 poko，有着强烈的竞争对手的意识，两个孩子就差一岁，就如同双胞胎一样，经常互相争夺我的宠爱。

回头想想，因为他觉得妈妈偏心 poko，所以他可能也想做些什么引起我对他的关注，在超市争抢着坐购物车也是如此，我也很好奇那时为什么他就对购物车那么执着呢？可能对于 peko 来说，购物车或许是无所谓的东西，他或许只是想让妈妈偏向自己一点。

——实际上就不应该解决谁坐购物车的顺序。

如果，在坐购物车和从购物车下来的时候抱抱他或许他就会很高兴。

　　首先因为想坐购物车而引起骚乱的 peko，我们要先理解他的心情，他一定觉得"坐一坐很有意思吧"，在这之后让他选，"peko 是要坐购物车吗？那么妈妈来抱着 poko 吧，哪个比较好呢？"。

　　——时间久了，自然就能想出很多应对的方法啊。

　　是啊，处在纠纷中时，稍微做一做深呼吸就能想出很多方法，稍微退一步，客观一些就好。

　　以前，在我学习心理学的过程中，曾经以"peko 的胡闹"作为研讨会的主题，我来扮演 peko，还有人扮演我和 poko。

　　作为 peko 的我，一直跟在妈妈的身后，虽然对妈妈说了"妈妈，快看我快看我"，但是扮演妈妈的人只追着扮演乱跑的 poko 的人说："不要那样！"。作为 peko 的我只能追在妈妈的身后大叫着"妈妈，妈妈！"但是扮演妈妈的那个人并不回头看我。虽然只是表演，但我真的伤心地哭了出来，这是我第一次真正的感受到"啊，原来这才是 peko 一直体验的滋味"。

　　——如果有更小的孩子，母亲不得不对他很上心。但是对于母亲来说，要考虑"现在 peko 也很伤心啊"，小孩子和大的孩子的伤心程度是完全不一样的。

　　是啊，平常是不会做这种表演的，站在那个孩子的角度来考虑，终于能稍微理解他的心情了。

　　——自己的任性得到妈妈理解的 peko，现在成了高中生，他是个怎样的孩子呢？

　　基本上也没怎么变啊，好奇心旺盛并且自我意识很强，很有自己的想法，但是也容易害羞，很有趣。即使有人用言语攻击他，但是他还是很坚定也不会改变自己的决心。可能是因为他是一个自己心中有着强烈感情并且能将其表现出来的孩子,所以他很能理解别人的心情,不论跟谁都能很好的相处。这也可能是因为朋友之间的角色调整起作用了吧。发挥了 peko 自己的特长与优点,他就这样成长起来了。

在兄弟姐妹吵架时,父母不要火上浇油

——话说回来,川井女士家的三个孩子之间的打架激烈吗?

peko 打 poko,peko 又被哥哥打这种事情就是家常便饭。

——这也在培训的过程中解决了吗?

在 peko 冷静的时候,孩子们也不打架了。

我家孩子们的吵架,大的孩子(长子或者 peko)打或说教小的孩子(peko 或者 poko)时,通常小孩子就会跑到我身边"哇"地哭出来,然后我每次就会训斥较大的孩子说:"不要那么摆架子!""不许打架!"

经过指导开导之后才注意到的是,我那样的反应只会火上浇油,试着在孩子们吵架的时候忍耐一下,抱一抱哭着来到自己身边的孩子,抚摸着他的背哄他说:"没事没事。"如果这样做的话,孩子们就又会马上回到房间开始玩了,当时就觉得,"原来竟然这么简单!"

——没有必要去判定谁做的对谁做的错?

是的,那次我深深感觉到"果然火上浇油的是我自己啊!"。我深信父母让孩子一同受罚,或者父母听听两边的辩解再公平地裁

断是正确的。但即使这样做也不会十分的公正，因为这都是父母主观判断的。父母注意到这一点，不再让孩子一同受罚而是注意分析两方的心情，理解双方的心情，先这样理解之后再考虑谁对谁错就好。无论是去听他们的说辞，还是放任不管，首先要理解他们。父母能做的不就是这些吗？

但是，重新考虑的话，或许我们家孩子间的打架并不是很激烈。peko 不敢与哥哥顶撞，poko 也不敢与 peko 顶撞。挨打了，以"哇"地哭出来告终。peko 被哥哥打，peko 又去打弟弟，真的是很难处理的纠纷，但是不会变成大的纠纷。

在 peko 还是小学生的时候，在他上学的学童俱乐部有一对总是打架打得很严重的姐弟俩。我去接 peko 的时候，姐姐追出去，弟弟在逃跑，最后两个孩子扭打在一起，看见了这些的 peko 说："真棒啊！我也想试试这样的打架！"

对于 peko 来说，打架也是一种交流呢。我也很吃惊，如果孩子们适应了"打架不好""兄弟姐妹就应该好好相处"这种的大人们的想法，我们之间就会减少很多冲突。

要关注孩子的心情

——顺便提一下，至今为止您的话题里几乎没有怎么出现的"哥哥"，对 peko 的胡闹任性是怎么想的呢？

哥哥基本上就是又稳重又冷静的男孩，我从学习训练开始，对 peko 的态度开始改变的时候，他就经常说："妈妈偏心 peko，明明

peko 那么任性，为什么妈妈不生气呢？"

我如果对他说："因为哥哥打 peko 的时候，peko 没办法打哥哥，所以就别打 peko 了。"他有时就会说："不行，在他听我的话之前，我是不会停手的。"

这可能是来自哥哥的嫉妒，"明明 peko 都那么不听话，还能得到妈妈的庇护。"

是的，我自己也有着"因为他是哥哥，所以应该好好地对待弟弟和妹妹"这种固有观念，并且确实我也不怎么去偏袒哥哥。

因为当时只有哥哥是小学生，所以暑假的时候他一个人在家。但是，因为我在家工作，所以他总是跟我聊天。哥哥实际上是个捣蛋鬼，他经常被我从我工作的房间中赶出去。

进入了小学高年级的哥哥也进入了逆反期，所以生气不开心的次数也比以前增多了，我觉得"再这样下去可不行"，于是在课题中增加了"满足哥哥的不满"这一个目标。

——哥哥突然冒出来了呀，那么他到底做了什么呢？

我最初定的目标是"面对面地认真听孩子讲"，在实行之后，我非常吃惊地发现哥哥非常开心，直到现在我也自认为他很听话，但是现在抽个空和他好好说话的时间也不多了，我也意识到有好久没有跟哥哥说过话了。

在那样认真的面对面交谈的过程中，我就会觉得哥哥长期以来忍耐了很多，所以看到那么自由奔放的 peko 就会感到很生气。

——那哥哥能顺利地度过像青春期这样的困难时期吗？

他好像也有很多属于他的痛苦的回忆。有一次，哥哥到了去上补习班的时间躲在房间里不出来，打开门后，只见他背朝外睡着,但好像哭了。如果是平常的话我就会对他说:"这次去补习班的费用从你零钱里扣。"但是我这一次开启了"温柔理解的模式",一边抚摸着他的背一边对他说:"没事的,没关系。"不一会,他说:"虽然有些晚了,但我现在就去补习班。"以前明明是个迟到了就说不想去的孩子,现在看来他至少暂且在心里积蓄了能量吧。

虽然那天不知道他为什么那样,但我还是觉得那样已经很好了,这让我注意到,不管是几岁的孩子,即使是哥哥也好,有时候当父母的也需要给他关爱和交流啊。

认可每个孩子的独特性

——有人觉得,家里有好几个孩子的话,每一个孩子就不会得到足够的爱。

确实孩子的数量增加之后,单独面对一个孩子的时间会变少,但是爱却不会变少。因为爱并不是有限的物体,也不是固定的分量,如果一个母亲觉得爱是越倾注越多的,那么确实爱不会减少。

——原来如此,爱就像母乳一样啊。小宝宝越吸越多,但是即使这样,孩子有时也会觉得不够吧?

我觉得孩子会有这样的感觉。

——该怎么做才好呢?

我觉得去找孩子谈谈会比较好,只是自己在脑中胡思乱想是没有任何意义的应该面对面的,好好听听孩子怎么说。只要父母有了去听孩子心声的行为,我觉得孩子一定会说的。可能有时会有一点小麻烦,那么向孩子提议换一种方法试试,就能找到一个好的方法,当然这也适用于所有的人际关系。

——并不是因为有兄弟姐妹多某个孩子才抱有不满,说到底还是亲子关系的问题。

父母倾听孩子的诉说,并理解他们,然后用爱抚慰他们的心灵,这对不论是家里有几个孩子还是只有一个孩子来说都是一样的。并且,不论有几个孩子,如果能够一个一个对他们倾注爱,自然而然地他们手足关系也就会变得很好了。

不是把所有的孩子作为一个整体来看待,而是把每个孩子作为一个单独的个体来看待,这样就会很简单,也很容易找到解决矛盾的方法。"养育多个孩子",其结果就是认可每一个孩子特有的独特性,将他们精心地养育成人。

认可那些必须花大量功夫和时间来管教的孩子

——爱的最低量,对不同的孩子来说也是不同的,对吧?

大家渴望被爱的心情都是一样的,但是对每个孩子都花一样的时间,花一样的功夫,却不一定能让孩子感到父母对孩子等量的爱。

就比如说"食欲"对每个孩子来说都是不一样的吧,有的孩子不管吃多少还是会觉得很饿,也有的孩子稍微吃一点就饱。同理,有的孩子想要父母更多的爱,而对有的孩子来说这已经足够。很明显 peko 是个"大食量"的孩子,如果用车来比喻的话,就像美国

车一样,明明已经加了很多的汽油但还是不满足。另一方面,poko
和哥哥就像节省能源的环保型汽车,不用花太多的时间,也不用操
太多的心他们就很满足了。孩子们都是不一样的,考虑"为什么这
样做 poko 就能满足而 peko 还在胡闹"这种问题是没有意义的。

　　——即使单独照顾胡闹的孩子,可他还是胡闹,能不能说这个
孩子缺乏关爱呢?

　　在 peko 胡闹最严重的时候,确实有人在暗地里说:"peko 闹成
那样是不是因为缺乏关爱啊?"对于这个问题我也很烦恼。现在想
想,所谓父母,只有自己才对自己的孩子最了解,所以也容易认为
如果孩子和其他的孩子行为稍有偏差的话,责任都在父母。这么
说的人也一定是这么认为的。

　　但是,把三个孩子同样对待,居然会有这么大的差别,亲眼目
睹了这些之后,我就觉得,原来这个孩子就是这样的,既不是因为
孩子很奇怪,也不是因为我做错了什么。因为哥哥想要得到的东
西,peko 想要的东西和 poko 想要的东西都是不一样的,所以父母
就把他们每个人想要的满足就好了。

从三个孩子那里得到的"无条件的爱"

　　——您的孩子现在已经分别成为大学生、高中生和初中生了,
育儿也已到了后半段,有没有在育儿的过程中获得一种成就感,觉
得把他们三个养大真是太好了?

　　虽然经常说,父母对孩子的爱是无条件的,但实际上孩子对父

母的爱才是无条件的。无论是多么爱生气的母亲,孩子也都不会讨厌妈妈,也不会去把自己的妈妈与别的妈妈相比较,就算被妈妈骂了之后还是会紧紧地拥入妈妈的怀抱,这真是无与伦比的爱啊!

孩子越来越多,自己无条件去爱的人也越来越多,无条件去爱这种事,找遍全世界也不会存在的。

——可能只存在于孩子们之间吧。

在小的时候可能是这样,即使是很短暂的一瞬也很幸福。

话说起来,在哥哥还小的时候,我记得特别清楚,他小的时候要别人在一旁陪着他睡,他说:"在这个世界上最喜欢的男孩和第二喜欢的男孩一起睡觉是非常幸福的事情。"

——并且现在连第三个最喜欢的男孩子都出现了呢。

是呀,虽然不按顺序,但是也交到了 peko 这个好朋友,嗯,非常幸福。

育儿时想要学习的技巧

经常和孩子"交战"的情况下,为大家简单介绍一下训练技巧。今天马上试试!

技巧1 首先要理解孩子的心情

首先,请先理解孩子"想做""讨厌""悲伤"等等这些情绪。如果孩子说"不想去学校"的话,在回答"不行"或者"那就不去了吧""不想去啊,原来是这样啊"这些之前,先接受孩子的情绪。首先向孩子传达："我已经明白你的想法了。"在这之后再向孩子问原因或者给他想办法提建议就好了。

技巧2 总而言之要意识到"认真听"

或许我们觉得听别人讲话是很简单的一件事，但是让别人感觉到自己好好地在听却是一件很难的事情。为了能够好好听别人诉说，方法有以下一些：①先把现在正在干的事情放置到一边；②看着对方的眼睛；③边点头边听；④不要打断他说话也不要中途出主意或去发表评价。做到这四点实际上是很难的，请好好努力！

技巧3 掌握必杀技"即席回答"

听人说话的时候，不自觉地就想发表感想或者想提建议，但是最重要的就是理解对方的心情。在这里的建议是"即席回答"，当孩子说"最讨厌×××了，以后再也不要找他玩了"的时候，既不要说"不许说那种话"，也不要说"不和他玩可不好哟"，而是要反复说"原来是这样啊，讨厌他啊""原来已经不想跟他玩了呀"，如果自己的愤怒被否定或被批评的话，只会让孩子更生气，而如果理解接受他的话，就会大事化小，小事化了。

技巧4 摘掉有色眼镜仔细看

仔细观察孩子，什么时候孩子开始胡闹，什么事让孩子这么生气，有时候站在孩子的角度来看待问题也是很重要的。比如妈妈陪孩子去超市买零食时，请蹲下来以孩子的视角来看，货架上的零食确实很诱人，切记不要带着"这个孩子总是这么任性胡闹"的有色眼镜来看待,否则你无法理解孩子的想法。

技巧5　试着让孩子说出答案

在训练中,向对方提问使问题尽量明确化。提问的技巧在于不要问"为什么",因为"为什么要做×××这种事呢?"经常带有责备的语气,而试着用"你觉得该怎么做能做到×××这件事呢?"这种平等磋商的口气问孩子"你以前想怎么做呢?""你现在想怎么做呢?"这些来问孩子,或许会从孩子的口中听到意想不到的解决方法。

第五章

出生的顺序不同所带来的不同
"性格"与"命运"

原日本女子大学教授　　岛田裕巳[1]

你是家里第几个孩子？

我们在和别人谈论某人性格的时候,经常通过星座占卜和血型占卜来判定。比如说巨蟹座和天蝎座合得来,那个孩子是 B 型血型,所以我不能理解他,等等。

但是总是占卜的话,也是缺乏科学根据的。说到底,缘分这种东西到底真的存在吗？ 如果有的话,那么左右逢缘的到底是什么呢？

日本著名岛田裕巳教授,曾经将一家人之间的人际关系通过图表分列进行对比研究,得出了"人们之间的缘分,受到在家中排

---

[1] 岛田裕巳,东京大学文学部宗教学科毕业,东京大学人文科学研究科博士,原日本女子大学教授,著有《不需要葬礼》(幻东舍新书)《让最小的男孩变老实的方法》等书。

行的影响"的结论。

让我来简单说明一下吧。假如一个人在家是最小的,那么家里人一般都是比较疼他的,因此,在家庭之外的人际关系中,会不自觉地寻找疼爱自己的"长子",一旦遇到就会觉得跟那个人很有缘分。如果是作为家中的长子,则会形成相反的模式。但也并不是说如果两个人都是家中最小的,那么这两个人就没缘分。其实这种缘分,也存在于家庭的亲子关系中。父母是第一个孩子,还是第二个孩子,还是第三个孩子,如果是独生子的话,和有好几个孩子的家庭中的哪一个孩子最投缘也是大概确定的。

日本人比起欧美人,非常在意自己在家里的出生排行,日本就是这样一个民族。也正因为如此,出生顺序不同,每个人的命运才不一样。

从出生的顺序来看人看物,对于这个基本原则,让岛田教授来教我们一下吧!在读本章的时候回想一下身边的人际关系,就应该会有恍然大悟的感觉:"啊!所以×××与×××的关系不好啊!"

日本人比较在意出生顺序

——有无兄弟姐妹与出生的顺序如何,不仅对孩子的行为与性格,甚至对于他人的关系也有很大的影响,这一说法很有趣。可以说这是日本人的特征,为什么呢?

因为日本人是很在意自己在兄弟姐妹中的排行的,"兄""姐"

"弟""妹"就是由于出生顺序而产生的称谓,不是吗？英语中虽然也有"elder brother"(哥哥)这种称呼,但是却不叫自己的哥哥"elder brother",而是直接叫"Jhon""Tom"这些名字。

像"哥哥""姐姐"这种把一个人在家里的立场通过称谓表现出来,是东亚人固有的习惯。

——东亚的话,韩国和中国也是这样的吗？

中国因为近几十年推行独生子女的政策,青年人对"兄弟姐妹"这种意识比较淡薄,所以现实中只有日本和韩国是这样的。韩国虽然有像日本这样"哥哥""姐姐"的叫法,但是从弟弟妹妹来看,又不一样。或许韩国的这种叫法在一定意义上,是为了体现上下关系和男女的不同。

——日本的话,有时候母亲也会叫长女"姐姐"吧？

是的,这也显示了日本家庭关系的特征。

如果带着小孩子的话,就叫自己"妈妈",叫自己的丈夫"爸爸",叫自己的第一个孩子"哥哥"或者"姐姐",虽然应该还有很多人叫自己的父母"爷爷""奶奶",但是仔细考虑的话还是很奇怪。丈夫又不是自己的父亲,自己的母亲又不是自己的祖母。这种叫法并不是在表示自己与对方的关系,而是以家里最小的孩子的叫法为基准来称呼的。这是日本特有的现象。

——用这种方法来称呼的时候确实有些奇怪,以前倒是没有怎么注意到。

在家庭之外也是这样使用的,很多人会称呼上了年纪的女性为"妈妈",年轻的店员也会说："唉,那边的哥哥。"在人际关系中区分上下级关系,并且由此认识到自己的角色,这是根植于日本人人性中无法改变的文化。现在的年轻人或许觉得，以家为中心的家庭角色消失了，或许觉得上下关系也是很荒谬的。但是从出生的那一瞬间开始，"兄弟姐妹的顺序"这种上下关系已经深入日本人的骨髓，很难轻易改变了。

"兄""姐""弟""妹"的不同性格也在出生时被赋予

——所以，在家里排行第几会改变人的性格和行动吧？

是的，如果家里人都叫长子"哥哥"，在这种环境下成长起来的孩子，不仅是对自己的弟弟和妹妹，家里人也会对哥哥这个角色抱有期待。被妻子叫做"爸爸"的丈夫，对妻子来说父亲也必须扮演好自己的角色，承担好自己的责任。妻子也会成为丈夫的"妈妈"。每天都用这种称呼来称呼的话，长子就会变得更具长子风范，次子也会变得更像次子。

但是像过去那样家里有十个孩子的话，也不至于差别那么大。就是因为孩子们的数量减少了，"长子""次子""最小的孩子""独生子"的特征就变得更明显。

——有不少人觉得"第一个孩子最痛苦"，理由是什么呢？

我觉得是因为对长子的期待太大了。即使到了 21 世纪，在日本仍有着"继承家业"的这种观念，就像守墓一样。

即使有的人没有这种"后继有人"的意识，但他也希望长子能够有所担当，如果是双胞胎的话，日本人则非常希望能够分清哪个是哥哥哪个是弟弟。即使父母没有强烈地意识到，但是稍大点的孩子如果被叫做姐姐的话，她就会有当姐姐的自觉，因为她想变得更有姐姐的风范，即使有烦恼也会独自咽下，即使有很心酸的事情也不说，也从来不说泄气的话。她们会认为与其表现出弱小，还是放在心里更好。

——这就是变得具有长子的气质了吧？

是的，因为长子就是那样被养育起来的。有数据显示，长子的话考入大学的概率比较高，成为上市公司的社长，医师或男护士的人比较多。在家里兄弟姐妹中的排行会影响人的内在性格，并自然而然地通过言行举止显露出来，就像演员演戏一样。身为家中长子的木村拓哉，如果演最小的孩子的话，大家也会有违和感吧（笑）。

——那么，像最小的孩子气质那样的东西也存在吗？

最小的孩子基本上与长子都是对照的。因为家里没有比自己更小的孩子了，所以就能向任何人撒娇，所谓"最小的孩子是娇气包"，就是这个意思。因为自己一直被比自己大的人包围，所以很擅长察言观色，他们是不会自己默默承受痛苦心酸的。

有名的运动选手大都是家里的次子。滑冰运动员浅田真央，高桥大辅，摔跤运动员吉田沙保里，棒球选手松井秀喜，足球选手也是次子的数量占据压倒性的地位。次子基本上如果不能按照自己的想法行事就不会心满意足。他们"不完成自己的目标就绝不妥协"，这就会成为他们不屈不挠地坚持一项体育比赛的原动力。因为他们很擅长单纯地做一件事，所以并不会对反复练习感到厌倦。顺便提一下，做会计工作的大多也都是家里的次子。

——那这么说来的话,中间的孩子也有自己的性格特点喽?

中间的孩子的性格,和长子与最小的孩子相比有些复杂。他既站在受长子疼爱的立场上,也站在要去疼爱弟弟妹妹的立场上,在一定程度上既可以理解长子的心情,也可以理解弟弟妹妹的心情,可谓是人际关系的全能选手。

一方面,中间的孩子经常觉得自己受到的损失太多了,既不像长子那样被周围的人期待,所以在孩童时代也没有那么多的照片,也不像家里最小的孩子一样能撒娇惹人疼爱。所以他们受害意识比较强烈,对长子和对最小的孩子都多少有些埋怨。

所以自立心比较强,想尽快脱离家独立的是中间的孩子。据说,在日本的高度经济成长期,农家的次男,三男贡献最大,支撑起了这样的高速成长,但这或许就是因为他们是家里的中间的孩子吧。

独生子则被认为是与其他人不同的"特异群体"。"独生子"和"独生子以外的人"基本上是不同的人种。有兄弟姐妹的人,基本上就处于"爱别人"与"被别人爱"的状态之中,但是独生子既不在被疼爱的立场上,也不在疼爱别人的立场上。所以即使是家中第一个孩子,如果是独生子女的话,也不是很擅长去疼爱别人。另一方面,虽然他们是家中最小的那一个,但也不擅长撒娇。因为他们拥有自己的世界,所以小说家和剧作家大都是独生子。

脚本家三谷幸喜先生曾在节目访谈中说过,自己因为喜欢跟人偶玩,所以才想要成为剧作家。

这是只有独生子才有的成长方式,并且独生子女受父母的影响很大,如果父母是家里的长子或次子,家里独生子的性格也会随之而改变。这个话题稍后再谈论。

长子往往与最小的弟妹情投意合

——那么，请告诉我们，为什么出生的顺序和人的缘分有关呢？

决定缘分好坏最大的要素是"撒娇的原理"。一般来说可以想象到年龄较小的向年龄较大的人撒娇，但是，重要的不是年龄，而是出生的顺序。

假如上司是次子而部下是长子，上司求助于部下的情况还是比较常见的。亲子关系也是一样的道理，假如父母两个人都是家里最小的孩子的话，容易对自己家出生的第一个孩子撒娇。

长子通常也喜欢照顾人，所以跟次子很合得来。有的女性声称："因为我是家里最小的孩子，所以只能和有弟弟妹妹的人交往。"她们追求在生活中能对人撒娇，被人照顾，所以对于男朋友的那种"想让人对我撒娇"的需要正好能够互相满足。长子与次子的组合，无论是在朋友关系中还是在夫妻关系中都非常适用。

——长子们组合在一起，次子们组合在一起，这种组合是不是不会成立？

不是的。人际关系中不仅有"撒娇的原理"，还有"同感的原理"。身为长子的心酸与痛苦，都只有长子才能够体会，只有长子才能理解。次子的心情也是一个道理。但是，由于同感的原理中包含"平等性"，所以他们容易成为关系很好的朋友，而且这个原理非常有效。因此,长子与其他的长子们在一起容易成为好朋友,而次子也是与其他的次子们在一起容易成为好朋友。

假如有一个三人的友好小组,这之中小 A 是长子,小 B 与小 C 是次子。这时,小 B 与小 C 两个人都渴望得到小 A 的疼爱,如果他们之间发生竞争,三人之间的平衡就会被打破。

——长子与次子的组合,一对一的话关系还是能顺利维持下去的吧?

是的,恋人之间,亲友之间这种情况确实能够顺利地进行下去。据说,由长子组成的团体,和由次子组成的团体,他们的秩序都还是可以的。但是长子的团体中,如果进入一个次子的话氛围也会变得更好一些,以次子为中心的运动小组中,具有统率力的长子来做队长的话,这个团队也会因此快速变强。

——是不是无法停止继续以"长子类型""次子类型"来考虑问题?

大概不能吧。但是因为结婚,在家里的角色立场变化了,有时也会变成别的类型。比如说两个长子结婚的话,如果两个人都想管理家庭,但是,丈夫作为掌权者表现得更好的时候,有时妻子会把长子的身份让出来,变成"次子"。相反两个都是次子的夫妇,因为很多事情都无法决定,一方变成长子的可能性也很大。

长子与中间的孩子的关系

——那么,对于中间的孩子来说,能够与他们合得来的是什么样的孩子呢？

中间的孩子基本上属于跟谁都能很好相处的"能攻能守型球员"。所以他既能对大的孩子撒娇，也会很好地疼爱向自己撒娇的弟弟妹妹。但是，如果弄反了对象的话，比如说对弟弟妹妹撒娇，而对长子疼爱的话，就会适得其反了。中间孩子的立场是非常不稳定的。但是在现代社会中，因为三子现象的减少，中间的孩子也渐渐成为少数派，按照"同感的原理"能找到的中间的孩子来作为好朋友的情况并不那么容易。

——能和独生子处得来的，是长子，中间的孩子，还是次子？

因为撒娇的原理对于独生子女来说本来就不适用，所以他们跟人交往的能力并不强。如果能交到好朋友也是因为"同感"这一原理。因为都是第一个孩子，所以比较能和第一个孩子合得来。但另一方面，独生子又作为家里最小的孩子一直备受关爱，也很有可能因为与次子有同感所以跟次子合得来。但是，独生子无法像长子一样去疼爱别人，所以基本上无法满足次子想要撒娇的心情。如果次子太过娇气的话，独生子可能也会受不了。

——这么说来，好像独生子与中间的孩子之间没有什么交点啊？

其实，独生子和中间的孩子的缘分也不差。因为独生子也很憧憬有很多兄弟姐妹的情况，而中间的孩子被夹在上下两个孩子中间，所以会有"想要成为一个人"这样的想法。他们相互之间就会变成"被憧憬的存在"，"他拥有自己所没有的东西"，所以独生子和中间的孩子结婚的情况也非常多。

独生子深受父母出生顺序的影响

——岛田教授说,根据父母自己的出生顺序,孩子与父母的关系也会改变,这具体是什么情况呢?

比如说,夫妻两个人都是次子,这时,如果不要孩子的话,夫妻关系就不会稳定。因为他们都是次子,都向对方撒娇,但是对方却无法那么地疼爱自己,家庭关系经常变得不稳定。但是在这两个人之间出生的孩子确实是第一个孩子,也就是长子,所以父母可以向那个孩子撒娇来得到关爱,那个孩子就能充分地发挥自己的长子气质了。

——独生子好像也会容易变得有长子的样子吧?

是的。就像刚才说的那样,独生子深受父母出生顺序的影响。如果出生在次子夫妇家庭,那么独生子就会作为长子成长起来;如果是长子夫妇家庭的话,就作为次子成长起来。

但是,如果是次子夫妇的话,就容易很想再要一个孩子。要说为什么,那是因为如果家里没有两个或两个以上的孩子的话,就没有和自己具有相同立场的次子了,这对次子夫妇来说是很孤独的。所以出生了的次子,就能够通过共感的原理来与父母很好相处。

——那也就是说,这个家里的长子一个人要去承受来自父母和次子三个人的撒娇了。

是啊,世界上最初所谓的"有长子风范的人",就是父母都是次子,并且自己下边还有弟弟妹妹的人。特别是如果有异性的弟弟或妹妹的话,就会变得更具长子风范了。如果长子具有能够满足父母,让父母撒娇的能力那自然很好,但是如果长子没有这样的能力的话就会变得很痛苦,会想从这个家中逃离出去。如果次子想要从父母那里得到关爱,但是父母都是次子的话,本来就很不擅长被人依赖,并且次子见到父母一直宠爱长子就会积攒不满,如果哥哥或姐姐能够来让弟弟妹妹撒娇的话情况还会比较好,不是这样的话,也可能会导致兄弟姐妹关系破裂。

如果夫妇两个都是长子,就会对第一个孩子要求比较严

——如果夫妻俩都是长子的话,又会变成什么情况呢?因为同感的原理,第一个孩子会跟父母相处得很好吗?

如果夫妻俩是长子的话,我觉得夫妻都想让孩子对自己撒娇,第一个孩子如果是独生子女的话,亲子关系会比较顺利。长子夫妻会把独生子当作最小的孩子来抚养长大。

问题是第二个孩子出生之后,因为父母双方都是长子,所以就会很疼爱次子。在特别疼爱次子的同时,就会对长子提出"要有个哥哥姐姐的样子"这种要求,因为父母自己曾经也是同样的立场,所以要求长子也要做到那样,对于第二个孩子的降生感到最痛苦的还是夹在父母之间的长子。

——那么,夫妻双方中一方是长子,一方是次子的情况呢?这种情况下,夫妻之间的撒娇与疼爱会得到平衡吗?

是的,所以这种夫妇没有孩子的情况比较多。

——原来是这样啊,实际上朋友中有一个"被哥哥宠爱着长大

的妹妹",她与一个跟自己哥哥一样疼爱自己的长子结婚,没有孩子。

对吧,也只能是这样。孩子出生的话会分走丈夫对自己的爱,所以就会很犹豫要不要孩子。

——但是,如果这对夫妇要了孩子会变成什么样呢?

因为妻子是次子,所以当然会对第一个孩子撒娇。把第一个孩子作为长子来养育,付出自己的爱。如果长子是男孩子的话,在这个模式下说不定会具有恋母情结。身为长子的父亲当然也想去疼爱长子,但是由于妻子和孩子在一起的时间会比较长,所以爸爸很容易被排除在外。

——但是,如果再生一个次子的话,情况会怎么样呢?

这个次子对于爸爸来说太重要了,爸爸会对他特别疼爱。这样的话,就形成了妈妈与长子,爸爸与次子的组合,他们之间的疼爱与被疼爱的平衡才会容易保持。

老二做父母的话会想要三个孩子

——那么,如果父母都是中间的孩子会变成什么样呢?

我觉得中间的孩子会和理解自己心情的中间的孩子结婚,实际上我的妹妹就和一个中间的孩子结婚了。

然后他们想要三个孩子,为什么呢?是因为不生三个孩子就不会有中间的孩子了。人都希望有理解自己的人存在,特别是中间的孩子这个感觉就特别强烈。所以对都是中间孩子的父母来说,他们也需要有中间的孩子。

——中间的孩子做父母的话,是不是很擅长去疼爱孩子呢?

中间的孩子是父母的话,就很擅长随机应变地对待孩子。不管是疼爱孩子还是让孩子撒娇,他们都会灵活地应对。

——那中间的孩子的性格变得乖僻也是能理解的。话说回来,长子夫妇和次子夫妇如果有三个孩子的话,中间的孩子会被怎样对待呢?

如果是长子夫妇的话,就会把第一个孩子以外的孩子都作为"次子"来疼爱,反之,如果是次子夫妇的话,就会把除最小的孩子以外的孩子都作为长子来依赖。

——如果是独生子夫妇的话,那根据共感的原理,要一个孩子就好这种心情就会很强烈吧。

但是,如果丈夫是独生子,妻子是长子或是次子的话,妻子就会想要和自己一样有着相同立场的孩子,所以就会想要两个或两个以上的孩子吧,那这样的话,和父亲具有同感的独生子就不存在了。本来独生子就不是很擅长照顾孩子,那么就变成在家里只有父亲自己是"单独行动"了。但是,独生子已经习惯这些了。家庭里就形成了"妻子与孩子团队"和"丈夫"这样的局面,保持适当的距离,或许能构建更好的关系。

怎样接受自己的出生顺序?

——在母亲们当中,有人会觉得长子不可爱,而有的人则为太宠爱次子而感到烦恼。

就算为了这样的事情烦恼也无济于事，因为这就是天生的，所以坦然地接受比较好。

——只能接受吗？

假设丈夫对长子很严厉，却很宠爱小女儿，所以长子会害怕父亲，会讨厌父亲。妻子可能会生气地问丈夫："为什么不能平等地对待孩子们呢？"但是，如果丈夫自己是家里有妹妹的长子的话，他就很容易这样做。妻子不要责怪丈夫："明明同样都是自己的孩子，居然如此差别对待真过分！"而要去理解"他那样做一定是有什么理由的，他本人可能也没有办法的"。放弃改变丈夫的想法，最重要的是自己要去帮助长子。

——本人是无法改变的吧？

是啊，自己也没有办法。这不是那个人的个人原因，这与在家里的出生顺序有关。长子只能按照长子的方式生活，次子只能按照次子的方式来生活，有很多人就是因为注意到这一点才活得轻松。

实际上，对我的话比较感兴趣来采访我的大部分都是中间的孩子，然后是长子，次子一般不怎么来。

——表示怀疑（最多的居然是中间的孩子和长子）？

次子一般对出生顺序没有什么兴趣，轻松自在地成长起来。但是在童年时代有着不好回忆的长子和中间的孩子，就会一直思考为什么会有这样不好回忆的理由，是不是自己的性格不好？是不是被父母讨厌了？或许是因为妹妹长得更好看呢？如果他们弄明白是因为父母的出生顺序与自己的出生顺序的话，也就能想开变得轻松了。

——但是相反也就会觉得再怎么努力也无济于事吧。

没用的(笑),在人生中有时就需要这样想并学会放弃哦。

可能确实会变成这样,但是有时确实会束手无策,其中之一就是出生的顺序。"因为我是中间的孩子所以……"这样放弃的话,也算是一种解脱吧。

孩子们长大了,如何建构起亲子关系?

——在烦恼的境况中,如果可以冷静地进行逻辑分析,人就会变得很安静。

是啊,假设有一个孩子总是与我的孩子打架,我可能就会想"那个孩子为什么会那样呢?难道是我家孩子的不对吗?"。但是如果考虑到那个孩子的出生顺序以及他父母的出生顺序,就会明白:"啊,原来是这样啊。"如果对那个孩子的情况加以了解自己就能够变得冷静下来,也能找到处理方法。

有的人常年为"妈妈不爱我"这种烦恼困扰,人生也没有必要一直停留在那个令人不幸的地方。换个角度想想:"啊,原来父母都是最小的孩子,所以没有那么疼爱我啊。"这样想是不是会比较好呢? 赶快找个理由让自己解脱出来吧!

——会不会因为孩子的成长,与父母的关系就变了呢?

孩子们长大之后,比起"想撒娇,想去疼别人"更在意谁能够理解自己。只疼爱妹妹的"长子妈妈",在孩子成长之后经常会变得跟姐姐相处得更好。

并且,我也经常听说,在家里被疼爱的最小的孩子,成家时正好处在父母需要照顾的阶段,所以他们的立场就变成了需要承担照顾父母的责任。

孩子结婚了离开家,带着孙子与父母一起同居,并不意味着家族关系就已经确定下来了,所谓家庭就是要面对一次又一次的重组。

可能有时候也会觉得处理这些关系很不顺利。但是也没有必要为此耿耿于怀,这时,用"出生顺序"的思路来考虑,这个问题就会迎刃而解。

育儿感受,长子、最小的孩子、中间的孩子的性格差异

长子:

无忧无虑保持自我,责任感强,很努力

● 天生的努力家,无忧无虑保持自我步调。(该母亲的长子是一个九岁的女孩子)

● 做事情慢性子,迟缓总是被妹妹捉弄。(该母亲的长子是一个八岁的男孩子)

● 非常懂事的孩子,追求完美。(该母亲的长子是一个三岁的女孩子)

● 擅长照顾别人,也听父母的话。(该母亲的长子是一个八岁的女孩子)

● 责任感强但是有一点懒散。（该母亲的长子是一个十三岁女孩子）

　● 气场很强。（该母亲的长子是一个十四岁的女孩子）

　● 不甘心服输且努力拼搏，有点以自我为中心。（该母亲的长子是一个十三岁的男孩子）

　● 虽然很善良但是抗压能力很强。（该母亲的长子是一个六岁的男孩子）

　● 虽然也照看弟弟妹妹，但是在照顾自己上还差一点。（该母亲的长子是一个七岁的女孩子）

中间的孩子：

**　想法奇特的自由人，虽然在家里是个麻烦制造者，但在外面很可靠。**

　● 有成为研究者的天赋，经常为了一些小事跟弟弟妹妹争执，如果不能按照自己预想的进行的话就会马上生气。（该母亲的中间的孩子是一个六岁的男孩子）

　● 最顽固的孩子。（该母亲的中间的孩子是一个十一岁的女孩子）

　● 走自己的路这种类型。（该母亲的中间的孩子是一个十一岁的女孩子）

　● 想法独特，也太过自由了。（该母亲的中间的孩子是一个四岁的男孩子）

　● 容易感情冲动，情感丰富。（该母亲的中间的孩子是一个五岁的女孩子）

● 在家里挨骂挨得最多,但在外面很可靠。(该母亲的中间的孩子是一个五岁的男孩子)

● 不管是跟比自己年龄大的还是跟比自己年龄小的孩子都能玩在一起。(该母亲的中间的孩子是一个五岁的男孩子)

● 是一个小心眼并且费心的孩子。(该母亲的中间的孩子是一个十岁的男孩子)

● 是一个乖僻的孩子,经常说"既不像担心长子那样担心我,也不像疼爱弟弟妹妹那样疼爱我"。(该母亲的中间的孩子是一个十三岁的女孩子)

最小的孩子:
是被家里所有人宠爱的孩子,有着像孩子一样的朝气,允许他撒娇任性。

● 非常有朝气,不认生。(该母亲最小的孩子是一个三岁的男孩子)

● 爱撒娇,或许成长得有点太慢了。(该母亲最小的孩子是一个二岁的男孩子)

● 是家里制造活跃气氛者。(该母亲最小的孩子是一个六岁的男孩子)

● 如果不能按照他想的去办的话马上就发脾气了。(该母亲最小的孩子是一个三岁的男孩子)

● 即使不教他也能明白很多东西,挨训了也不在乎。(该母亲最小的孩子是一个五岁的女孩子)

● 从不吃亏的娇气包。(该母亲最小的孩子是一个六岁的女孩

子)

● 有眼色。(该母亲最小的孩子是一个九岁的男孩子)

● 什么都想自己做。(该母亲最小的孩子是一个二岁的男孩子)

● 爱挑战,精力旺盛,想和长子做同样的事。(该母亲最小的孩子是一个八岁的女孩子)

● 不服输。(该母亲最小的孩子是一个九岁的女孩子)

● 懂得察言观色,能仔细观察人的习惯并向我们报告。(该母亲最小的孩子是一个五岁的女孩子)

6 第六章

长大成人后，能够互相理解的兄弟姐妹

原东京大学教育学教授　汐见稔幸①

很多父母认为："因为我们做父母的比孩子会先走一步，所以希望他们兄弟姐妹之间能够友好相处，相互支持。"

但实际上，所有的兄弟姐妹随着年龄的增长，不一定会关系那么好了。关系变差的原因有可能与父母无关，但也不能否定孩子在年少时代与父母的相处方式会成为日后影响手足关系的一个重要原因。

白梅学院大学校长，东京大学名誉教授汐见稔幸说道："父母的职责就是让孩子们在将来也能保持良好关系。"

所谓兄弟姐妹，不是自己选择的，却要相伴一生，小的时候围着争抢父母的关爱，相互之间会萌生嫉妒心，因为生活在一起，所

---

① 汐见稔幸，原东京大学大学院教育学研究教授，从 2007 年 10 月起担任白梅学院大学教授，校长。他认为教育学应包含育儿这样的人格形成过程，应该将其规范化体系化。著作有《育儿时候不生气不着急》(讲谈社)《养育好孩子的母亲用语》(PHP 研究所)等。

以会经常争吵。即使如此,在这之后回头看这件事,如果仅仅是怀念以前的吵架时光,那就好了。往往,长子会有着各种不讲理的回忆,次子会残留着被长子欺负捉弄的怨恨,如果在青春期以后一直拖着不处理,那就会连改善关系的机会都没有,可能会导致在精神上和身体上,都会变得相互疏远。

汐见老师自己是三个孩子的父亲,在当时来看是一位非常少见的拥有育儿经验的"奶爸",他认为,"教育学应该包括学习生儿育女,培养健全人格等内容",这也是他研究的基础课题。

"当时有孩子的时候特别穷",他在上研究生时有了孩子,后来当上三个孩子的爹的时候还是没什么稳定收入。车也买不起,只能五个人坐一辆自行车,前车筐里一个,前面的辅助椅坐一个,妻子坐在后面抱着小宝宝,就这样带着一家人每周去附近的公园里玩。那时的情景记忆犹新,成了他难忘的回忆。

现在这三个孩子,也有了各自的家庭,有了各自的人生。我们来听听汐见教授的经验,从培养兄弟姐妹感情的角度来看,父母能为孩子们做些什么。

兄弟姐妹之间的矛盾不可避免

——虽说是兄弟姐妹,但也不太可能关系一直那么好。需要照顾父母的时候互相推托责任,父母去世时互相争夺遗产,等等。每当听到这些的时候,总感觉兄弟姐妹关系好复杂。

像这样的兄弟姐妹也不少吧,即使上了年纪,也可以陪自己商量些家庭难办的事情,在需要帮助时能够相互扶持。这是最理想的状况,但是不及时修复儿时那些不如意的回忆带来的伤害,没有对兄弟姐妹美好的回忆和感谢的心情的话,长大后是很难维持这种和谐关系的。

——吵架吵得很凶的兄弟姐妹间,关系是不是会容易变差呢?

这倒也不能这么说,因为兄弟姐妹之间本身就是很亲近的关系,小时候因为有嫉妒心和各种矛盾冲突,不可避免地会发生争吵。

即使是吵架吵得多的兄弟姐妹,上了初高中后就不再怎么吵架了。但是不吵架并不意味着关系就很好,在这个时期如果不能建立起来"互相理解的关系",那就只能维持不吵架的关系了。因此兄弟姐妹的关系渐渐变得疏远,又因为兄弟姐妹上学或就业离开家,所以就没有什么机会见面,这就形成了不到葬礼就不见面的情况。

——如果"相互理解的关系"无法建立的话,进一步成为大人之后会彼此不合吗?

这种事也有啊。

——这就是说到了青春期他们不打架的时候,就必须培养他们即使成为大人也能够维持的良好关系呢?

是的,一句话来说就是建立让兄弟姐妹齐心协力的关系。

让孩子做什么的时候,父母说:"那就拜托哥哥了!",像这种父母只拜托长子的倾向特别常见。其实这样不太好。因为次子也慢慢长大,应该让兄弟姐妹们协力做事情,让孩子们一起做事的喜悦能够从小事开始累积起来。

什么都不能交给孩子,父母什么事情都事先弄好,这样就会形成,长子参加社团活动或者补习班不在家,次子也会因为学习或者游戏过各自的生活,没有共同相处时间,兄妹关系也会渐渐变淡。

尽可能多创造出孩子们齐心协力的场景

——如果这样想"孩子们终于不打架了",那就意味着他们之间突然产生了距离吧。

是的,所以父母的话就显得很重要了。比如说长子足球比赛的时候,对次子说:"今天咱们一起为哥哥加油去吧!"如果弟弟说:"啊,但我今天要在×××地方玩啊!"那就对次子说:"今天是哥哥第一次参加比赛,如果你去了,哥哥会很高兴的!"然后跟次子一起去。哥哥也会觉得,"弟弟特地为我赶过来",会感到高兴的。

如果只有两个孩子的话,让他们给奶奶送些东西也不错。虽然是熟悉的路,但两个孩子在一起就会有紧张感,不论是长子还是次子,都会扮演好自己的角色,发挥好自己的作用。

如果次子还没有到可以独立的年龄,让孩子们看家也是不错的办法,长子可能会想:"努力的只有我自己,妹妹什么都没有做。"如果父母一边表扬次子:"做得不错!"一边对长子说:"小妹妹是第一次离开妈妈,自己在家呆了好几个小时,她可能会有点紧张呢,但是就是因为姐姐在,所以妹妹才能表现得不错啊,谢谢姐姐。"双方都得到表扬的话,就会成为建立互相理解关系的契机。

当长子成为初中生或者高中生时,对长子说"如果能教一下弟弟妹妹社团活动的内容就好了",当次子要考试的时候对长子说"妈妈不是很懂补习班的事,跟弟弟妹妹指导一下吧"这样也可以。

我的一个熟人,家族旅行的计划全都让上中学和上小学的孩子来安排,因为当时父母把旅行计划定好后,长子说自己有社团活动所以不想去,而弟弟也说他不去了。于是父母就让两个孩子自己决定想去的地方,并将此事全权委托给孩子们,两个孩子高兴地两眼放光,去书店查找资料并且听取父母的意见最后决定了去哪里,好像还对走哪条路线最便宜最放心还好好查了一遍。这不论是对整个家庭来说还是对两个孩子来说,我觉得这都是提升孩子们关系的重要的事情。

——两个孩子的关系变成什么样了呢?

于是建立起"现在不论遇到什么事,最能商量的都是自己的兄弟"这样的关系,这种养育方式难道不是最好的育儿方法吗?

我觉得父母多少都会有这种想法,就是觉得自己必须成为孩子最好的商量事情的伙伴。比如说"来,跟你说点事"这样来跟孩子交流,但是父母比孩子们会更早得离开人世,不可能一直陪着孩子。所以我觉得必须意识到,早点培养兄弟姐妹之间互助关系的重要性。

——不管父母怎么安排,也有这种"不想和哥哥一起做""讨厌弟弟"的孩子吧。

我认为这个的根本原因在于父母对待孩子不公平。即使两个孩子做了同样的事,却只训斥长子,一直让次子穿长子的旧衣服这样的事情若是一直继续下去的话,孩子的关系也不会变好的。父母在孩子们还小的时候在一定程度上来说有些事是无能为力的,但是带次子这段比较繁忙的阶段过去后,父母就该改变意识去试着跟孩子建立相互理解的关系。父母有没有用这种态度来对待孩子呢？——"明明是哥哥，但是为什么这么孩子气呢？"或者"在孩子中只有你最笨"之类的，请静下心来好好想想。如果父母不论是对哪个孩子都能做到"原来你的心情是这样的，所以才感到痛苦啊"去理解孩子的话，我觉得就能建立没有不公平感的关系。

往往会对长子倾注更多的期待

　　——说起公平性，在教育方面又是怎样的呢？父母对长子的教育倾注了大量的精力，对次子就往往会有照顾不周的倾向。实际上在 2007 年，挪威的一项调查结果显示通常第一个孩子的 IQ（智商）会比第二、第三个孩子要高。

　　所谓 IQ 测试，即智商测试，主要是考察逻辑能力或数学性的思考而不是考察艺术性或社会性的问题，最多也就算是能力的一部分，即使某个人这个测试结果很好也不能说他性格等特别优秀。IQ 测试的内容，容易反映在对语文或数学这些科目的学习上，所以也就是说擅长学习的孩子，能得到测试的高分。

　　所谓长子从小时候就开始有着回应父母期待、并将所有事情尽量做好的倾向。上了小学之后，这次又为了满足老师的要求而学习。好好写作业，在考试之前好好复习，把这些事情认真做好确实是长子的特性。然后这个特性就在 IQ 上体现出来了。

　　——对待最初的孩子，父母也会有意识地去帮助他们，会给孩子检查作业等，但是对次子的话觉得不管也没事，大多父母也会有这种思想吧。

确实,很多情况下父母都是看着努力学习的长子,对第二个、第三个孩子的话,就觉得"好累呀,要不就算了吧",这样想的人还是很多的。也有人这样说:"因为有第一个孩子的经验了,所以对第二个、第三个孩子的教育方法我也知道了。"而且也听说越往后成绩越好的情况也很多,所以也不能一概而论。即使如此,如果平均来看的话,父母还是对第一个孩子付出的精力更大一些。

特别是在父母支持不可缺少的中考时期,经常听到父母说:"确实没有像照顾第一个孩子那样来照顾次子的劲头啊。"

——果然还是被父母的支持所影响啊。

确实也有这一个原因。但是,最大的原因还是长子风范这个因素。为了不辜负别人对自己的期待,认真努力学习的这种特性,也能让他们很好地适应学校的学习。长子虽然具有努力对待自己人生的这种可靠的特性,但是在"个性独特""能够自由抒发感情"这一方面却不如次子。

次子的话,"想做的事就做,不想做的事情就不做"这种事情对于他们来说就比较轻松了。或许是因为父母对他们的期待不像长子那么大。就这样,无论如何他们也很难养成那种孜孜不倦爱学习的习惯,因此测试的结果也不会太好。

但是第二个、第三个孩子常有的"讨厌的话就不做了""看,总会有办法的"这种乐观的态度,在日后的社会生活方面,也会成为他们强有力的武器。比如说代替唱片出现的CD,因为音频设备的登场,其存在就变得很微妙。"如果CD能一直生产就好了",以前这么想,但是二十年之后就变成没用的东西了。比起认真努力学习,随机应变、灵活或许是这个时代所更需要的能力。

认真学习取得好成绩进入大企业,可能对于现在来说还是比较有利的,但是以后会怎样谁也不知道。如果说进入一个巨大的公司组织中拼命努力去获得成功是原先的潮流,现在已经变成随机应变建立自己的小公司了,我认为这是个趋势。

不管怎么样,最后走向社会管用的是自己的思维方式是否有效,这都不是 IQ 与学校的成绩能够测量出来的。

尊重孩子自己的选择

——汐见教授有三个孩子,在教育方面上会不会也意识到"公平"这一部分呢?

虽然不知道算不算公平,但我觉得基本上,所有孩子做的事情都应让孩子自己来选择的。不论是上补习班或是考试,我们都不会干涉他们。并且另一方面,只要是孩子认真思考后说我想做,我都会尽可能地让他们去做,这对哪个孩子来说都是一样的。

——您的孩子们现在三十岁左右,他们是怎样选择自己应走的道路的呢?

因为长女经常会有想要做的事情,所以是个一想到什么就会立刻行动起来的孩子。她初中的时候是棒球队 YAKULT 的粉丝,她对他们热情到所有比赛都会去加油。高考的时候第一次没考上大学留级了一年,我以为她去补习班学习了,没想到她这一年都跑去法院看奥姆真理教的案子审判。

——没有去预科学校，而是去法院？

是啊，是个很有趣的孩子（笑）。第二年就进入了公立大学的法学部，入学之后一周内又觉得自己不适合法学的方向，就离开了大学背起背包开始环游世界了。一个人去非洲旅行过，也曾在尼泊尔的旅馆住了一个月，在一些弯弯绕绕之后，然后在冲绳结了婚，生了孩子生活着。

——真是位自由奔放的小姑娘呢！所谓的"长子"的倾向完全没有发现。

是吗，因为我们夫妻俩决定不采取"长子式的教育方法"。

——决定了的吗？但是怎么做才能不采取长子式的教育方法呢？

就是像父母的期待这种东西，尽可能不在孩子面前表现出来，并且所有事情都让孩子自己来决定。这样做的话，长子出生后，不会感觉到父母的期待或者压力，从而可以自由轻松地成长。

女儿上高中的时候，教授似乎对女儿说过："你的父亲是东京大学的教授，所以是不是会感觉到压力啊？"结果女儿说："完全没有感觉到（笑）！"她说一次都没有感觉到有压力，我觉得这真是太好了，因为我的目标就是希望不要让她感到那种压力，健康茁壮地成长起来。

让每个孩子能够"做自己想做的事"

——父母难道不应有意识地教孩子什么吗？

我认为：最主要的是让他们体验自然。在将来，自然与人类的共存应该会成为非常实际且重要的课题,因此对住在城市的公寓,远离自然成长起来的孩子来说并不是一件好事。

孩子们小的时候,每年夏天都会到白马的学生村过宿,三顿饭加住宿才花费四千日元,这种破天荒的价格,比在东京生活还便宜(笑)。即使如此若是每次花钱住宿的话还是太贵,所以在长女成了小学生的时候,我们自己在长野八岳的山上建了一个家。

我们家里的老二,是个男孩子,我觉得他是家里与自然接触最多的一个孩子。夏天在山中漫步,冬天滑雪,也经常钓鳟鱼。

不想做的事情绝对不做,他就是这样类型的一个孩子,像算术练习、汉字听写等等他特别讨厌。他在家也是根本不爱学习,但是我也不会强令他去学习。因为他是个不擅长适应团体生活的孩子,所以从小学入学以来不管是在学校还是学童俱乐部他都不能很好地融入集体,每天也是过得不太开心。

因为觉得让他同时去学校和学童俱乐部太可怜了,所以就对他说:“你可以选择只去一处。”然后他就说他不去学童俱乐部了。他没说不去“学校”,让我们也稍微安心了(笑)。这个孩子属于放任不管就很有可能会翘课的孩子,所以我们也一直在支持、守护着他。

——您的第二个孩子,一直不喜欢学习吗?

小学六年间他一直在玩,他学习的样子我一次都没见过。即使如此,在升入当地的公立中学时,妻子对儿子说:“你已经比别人落后好久了,所以上了初中要好好学习哦。”于是儿子说了声“我知道了”。在初中一年级第一学期的期中考试时,他总算开始伏在书桌开始他最初的学习了,我们夫妇感叹:“买了的桌子终于发挥它的作用了!"

——那个时候他怎么学习的呢?

自己在电脑上出了考试范围的问题并且解开了答案。他说:"觉得学习太无聊了,所以就自己发明了有意思的学习方法了。"我意识到:让他自由自在在小学玩了六年的时光终于在此时产生了效果。不管是什么事情,如果把它当成玩耍就简单多了。

到了初中二年级时,连他非常讨厌的汉字听写练习等,他也自己完全掌握了。并且他也学会在不得不做的事情与想做的事情之间寻求平衡。

到了初中三年级的时候,我们还在想他是否已经决定了自己要去的高中,结果他还没有决定。我们问他打算怎么做时,他回答说为了考试而学习没有意义,并且在日本没有他想上的高中,然后他又说他想去英国留学。

——您儿子那时能说英语吗?

根本就说不了(笑)。因为我的妹妹在英国居住,所以他也就去英国玩过一次。即使这样,他总算进入了不用考试就能入学的全天寄宿制的学校,在一片陌生的土地上学习了四年之久。最后在高中毕业时,取得了能够同时进入牛津大学和剑桥大学的优秀成绩。

还想着他会不会就那样留在英国了呢,结果他说他已经厌倦了英国,就回到日本了。差不多在预科学校学习了半年,进入了国立大学学习。他说毕业之后想从事与生态学有关的职业,我觉得这是因为在高中毕业之前,他一直与自然的接触对他以后的道路产生了影响。

——第二个孩子真豪爽啊,第三个孩子怎么样呢?

只有这个孩子说他要去参加私立中学的考试,因为他好像是想跟同学一起去补习班。但是没想到在家预习和复习补习班的课本内容是很有必要的,如果放任不管的话他就会进到成绩最差的班级里,连补习班的老师都说:"没有他能去的学校。"然后有一天孩子突然说他找到了一个好学校,就参加了这个刚刚建好的中学的考试,作为那个学校第一期新生顺利入学了。

虽然他是三个孩子中最害羞的孩子,但他参加了在澳大利亚寄宿家庭的活动,也跟着我们一起参加了阿富汗难民营支援活动。在难民营的体验使他深受震撼,在大学的 AO 考试上,他写下了这次体验,并且合格了。他现在在一家普通的企业工作,地点在美国。

这个孩子是不会怎么说"我想做这个"之类的话,但他会仔细考虑然后采取符合自己的行动,怎么说呢,这就是一般的"最小的孩子"的行动方式吧。

让孩子多经历,多体验

——真的是人各有志啊,大家的共通之处就在于他们都能找到适合自己的想做的事情。

像我自己,父母就从来没有规划过我的人生道路,因为我的父母一直都是站在我的身后守护着我的人。

我觉得父母不应该是站在孩子面前成为领路人,对孩子说"你该往这里走"，而是应该站在孩子身后守护着他，让孩子自己找到属于自己该走的路。

————但是让孩子自己来规划自己的人生道路并不是一件简单的事情。

所以让孩子多去经历，多去体验，重要的是给孩子多一些机会，就是让孩子自己去思考什么才是适合自己的能走下去的道路，我们就像他们的人生助手一样来帮助他们，在选择学校的时候如果孩子需要商量的话就给他们一部分建议，但是不要干涉孩子，把决定权交到孩子手里。一有机会就对孩子说："你要自己决定。"

————按照这样的方法养育起来的孩子，就会不受出生顺序的束缚，健康茁壮的成长吧？

这个就不确定了，但是他们都能按照自己的想法活着。

————突然想问您一个冒昧的问题，在每个孩子身上花的钱是不是也不一样呢？您第二个孩子高中四年留学一定花了很多的钱吧，第三个孩子上的是私立的初高中连读的学校，长子有没有说过"就我自己吃亏了"这种话呢？

这个从来都没有过。她自己决定要走这条路，从结果看的话确实没有花那么多的钱。但是父母只会一个劲地支持孩子选择自己想做的事情，而不会在意对哪个孩子花了多少钱。

————如果孩子意识到自己的选择被父母大力支持，就不会产生不公平的感觉了吧。

当然这个也有经济能力的问题，但是只要他的愿望还在，所以不管对哪个孩子都想尽可能地帮他实现心愿。

手足之情,血浓于水

——有没有什么事情事后觉得,我要是当时那样做就好了?

让我觉得做得不够好的是,为了能让次子跟长子好好商谈时我说的话。孩子感到迷茫的时候,想从父母那里得到建议时,我却说"跟哥哥说说""去跟姐姐谈谈"之类的话,后来我觉得如果能跟他说说就好了。我觉得难得这么一次,孩子想跟父母商量听听父母的意见,还被我推脱让他跟姐姐哥哥商量去,这件事情,我到现在还是有点后悔,还在反省中。

即使如此,我还是觉得,兄弟姐妹之间能够互相帮助的时候还是很多的。三个人一起去超市,一起去买各自想吃的家常菜,登山的时候,哥哥会帮弟弟拿行李之类的。

——兄弟姐妹之间美好的回忆,也支撑着以后兄弟姐妹之间的关系吧。所谓的美好回忆,现在应该也能想起来的吧。

那应该是大概在我五岁的时候吧,我在玩的时候手和脚的大拇指上的指甲被挂掉了一半,奶奶和妹妹带着我去医院,结果不得不把指甲全部刮下来。那个治疗真的很痛,我还发出撕心裂肺的惨叫。但是那时,在走廊里等待的妹妹,哭嚎的声音却比我还大。

我还在想为什么你哭这么狠,疼的是我才对吧,但是妹妹却说是因为我才哭的。难以言表的感动与开心,至今依然记忆犹新。虽然过去总是打架,但是那次妹妹为我而哭的感动我一直铭记在心。我至今都觉得如果她有什么困难的话,我会尽自己最大的努力去帮助她。

我认为这才是真正的,无法用语言来形容的手足情。

育儿烦恼商谈

问题:这种情况该怎么办?

回答者:柴田爱子教授,岩立京子教授,川井道子女士(回答顺序)

问题:次子无论干什么都会模仿长子,所以希望长子不要说粗俗的话,并且能好好帮忙做家务收拾东西,但有时候一不注意我就会发火,这样错了吗?(有一个七岁和一个五岁男孩的母亲)

回答:不要这样想"因为孩子长大了,所以做这些是应该的",而是要"孩子长大了,能帮我做这些真棒!"这样看待孩子。

之所以不希望孩子说粗俗的话语,不是因为他是长子,而是因为妈妈不喜欢,对吧?不论是长子还是次子,都会有一段时间想说"拉屎,丁丁,撒尿"这类的话,直接对孩子说:"妈妈不喜欢这些话。"不就好了吗?

关于帮忙做家务与收拾东西,那就拜托兄弟俩一起做吧。弟弟只能拿得住一个碟子,而哥哥则能拿好几个盘子。妈妈先对哥哥说完:"哥哥真是帮了我大忙了!"再对弟弟说:"没关系,你五岁就能帮妈妈拿一个碟子就已经足够了!"只有这样弟弟才会想着要成为像哥哥那样厉害的人对吧?最重要的是不要以"因为孩子长大了,所以帮我做这些是理所应当的"这种想法来看待问题,而是要鼓励孩子:"你长大了能帮妈妈做这些真厉害!"能不能看到长子的闪光点,还是取决于母亲将关注点放在哪里不是吗?(柴田爱子)

问题:每天孩子们吵架吵得很激烈,我很厌烦。每次耐心教育他们,苦口婆心地跟他们谈心,但有时他们还是会吵架。这到什么时候他们才能不吵架呢?(一个七岁和一个三岁的男孩以及一个五岁女孩的母亲)

回答:要注意定了规矩就不再干涉。

现在真的是很困难的一个时期啊,三岁的孩子也受长子的影响跟个小大人一样,被两个男孩子夹在中间的女孩子也很厉害吧。三个人一起嚎啕大哭,一起吵着叫妈妈,这时,作为妈妈有不耐烦的心情我非常能理解。在他们变得不吵架之前还有好长一段时间呢,这位妈妈先做好这个心理准备吧。

重要的是父母不能卷入到孩子的吵架之中去。父母平常就给孩子们制定一个"不要乱扔东西""不要乱踢乱踹"这样的一个规则。在这之后就一直关注着他们并且放任他们去就行了。但是父母无意中就会训斥长子,不要说:"因为你是哥哥所以你要忍耐。"如果要训斥孩子的话,原则上是训斥造成吵架的那个孩子,但是也没有必要一一说教,让孩子全都听话。各自的生活空间或者人际关系都在逐渐变广,孩子们之间的亲密度也会变弱,吵架也会变少的,所以别担心。(岩立京子)

问题:长子和次子年龄差了六岁,但是哥哥一点都不让着弟弟,明明都已经十岁了,但是为什么还会这么任性又孩子气呢?

（有一个十岁和四岁男孩子的母亲）

回答：这六年间这个孩子一直都是独生子，这点不要忘了啊！

这与孩子年龄相差多少没有关系，夫妻不也是这样的吗？即使两个孩子差了十岁，也是会吵架的。在家里，没有谁比谁大，谁比谁小。

并且这个孩子，在六岁之前一直都是独生子啊！不仅一个人独占父母的时间太长了，而且弟弟又是突然出现的。即使你这么说："因为是哥哥所以让着弟弟是天经地义的。"我也不能认可。相反，就是因为父母的期待很大所以才会让他感觉很痛苦。

当然了也有两个孩子差了六岁，姐姐就像"小妈妈"一样照顾弟弟妹妹的案例，但是您的孩子是男孩呀，并且底下的还不是妹妹是弟弟，这是长子最不会让着次子的模式了。

不论是哪个孩子，父母的微笑和鼓励才是孩子的动力源。如果父母老是表现出不高兴，他们也就没有努力的劲头了，不要吝啬对孩子的微笑，要多多夸奖他们。（柴田爱子教授）

问题：第二个孩子是家里唯一的女孩子，如果她认真做的话一个人就能利索地做好很多事。但我一不注意就会忽略她，这样继续下去的话没事吧？（有一个八岁和两岁的男孩子以及一个六岁的女儿的母亲）

回答：虽然没有必要过多干预，但要用心观察，仔细留意。

"认真做的话什么都能做好"这真的是很厉害的事。虽然没有必要过多干涉，但也不要放任不管，不要忘记要好好守护她。要认可她本人的努力并且要对她说"一直都做得很好呀！""真是帮妈妈大忙了!"。

但是有的时候也可以对孩子说:"乖孩子的话妈妈很喜欢,但有时候不那么乖也没事哦!"因为有的孩子努力过头了,所以要提醒他们注意不要太过勉强自己那么努力。如果一直都在做好事的话不要表扬得过了头,孩子失败的话也要让孩子觉得失败是 OK 的。(川井道子女士)

如果是没有什么问题的孩子,就要多向她敞开心扉。因为家里的女性就只有这个孩子和母亲两个人,单独创造出来一个只有女性的快乐时光不是也很好吗? 一起做点点心,一起化化妆打扮打扮。从"因为我是懂事的孩子所以被夸奖"的这种关系中走出来也是很重要的。(岩立京子教授)

问题:我家第二个孩子真是又顽固又乖僻,我和丈夫经常训斥这个孩子。(一个六岁和一个四岁和一个两岁的男孩子的母亲)

回答:真的是顽固乖僻吗? 要不要换个角度来看看?

这个孩子才四岁啊,我觉得固执的孩子偶尔可能会有,但是乖僻的孩子应该没有吧。

这个孩子是三个孩子中的正中间的那个对吧,这是最不易引起父母关注的孩子。"顽固乖僻"的性格,做让父母困扰的事情,简直就像是在对父母大喊:"我在这儿!""你也关心关心我啊!"所以,父母不论训斥孩子多少遍也没有用。那么应该怎么办呢? 想想就想笑(笑)。有时你们还会说"这个孩子真的是很顽固啊!""这个遗传基因是从爷爷那里继承来的吧!"。

所谓固执的孩子,我觉得换句话说可以称之为"意志力坚定的孩子"。在现如今的社会上，很多孩子都没有自己的主张，没有自我，自我感觉很弱，很多孩子都是在等着别人来安排什么事情。如果在这之中有那种被父母称之为固执的孩子，那么这种固执又是非常重要的东西。"这个孩子真是很有趣呢!"就像这样，期待着你孩子的成长吧。（柴田爱子教授）

问题：生了最小的孩子之后，第一次这么惬意地沉浸在当母亲的喜悦之中。对长子的话明明觉得"他要是能帮我做什么做什么就好了"，但是对小孩子却想着"不要长大"，为这样矛盾的自己感到吃惊。这是不是不太好？（有一个五岁和一个一岁的女儿的母亲）

回答：您的心情可以理解，但是时间到了就要放手。

虽然这不是件不好的事情，但是有必要注意一下。所谓父母会在无意识中妨碍次子自立。在想着自己替他做这做那，给他换衣服，给他洗手。其实如果教他的话，他也全都会做，但是就是因为父母为他做得太多了，所以有时自己做事情的喜悦也就因此被剥夺了。因为到了两岁半的时候，孩子就会表现出自我，到了那个时候，就要注意有意识地放手了。

次子是个害怕失败的孩子，所以也想请您提前知道，很多次子都是挑战精神比较弱的孩子。次子的自尊心很强，想要得到别人认可的这种心情也很强烈。所以，孩子失败的时候他会很讨厌被别人说："果然是个胆小鬼啊!"虽然他想和长子一样对等，但是也知道自己没有那么多的实力，所以他不会去挑战。也正因如此，明明能做的事情有可能会很晚才会做。想要溺爱孩子的母亲的心情

可以理解,但是时机一到,就要放手,并要让孩子培养起自信。(柴田爱子教授)

问题:我老公对孩子区别对待的态度让我觉得不太好。兄弟吵架的时候,他总是严厉地批评次男,几乎没有见过他好好跟次男说过话。于是次男变得越来越不听话,我跟他说这事,但他完全没想这样。我该怎么办才好呢?(一个八岁和六岁男孩,三岁女孩的母亲)

回答:你老公估计心里对次男有什么不满。

我这里偶尔也有很多父母咨询这样的问题。听到的话,基本上是爸爸对长子特别严厉这样的内容。长子听自己的话好管教,而次子自由自在想干什么就干什么,估计是这点让你老公看不惯吧。

作为妈妈,你应该多扮演帮助次子的角色比较好,增加和他相处的时间,多和他谈心,告诉他自己有很多优点,这会成为次子克服困难的原动力。如果次子问"爸爸为什么这么讨厌我",你不要说同意和不同意,更不能说老公的坏话,最好说"其实爸爸也很担心你、他很佩服你某一点"等这些正面的话来激励他。

如果可以的话,问下老公他的想法。如果只是斥责或者吵架,这就会使事情越来越严重。自己怎么努力都无法解决的时候,倾听下对方的想法,相互理解的话就会好很多。

问题:长子进入叛逆期,兄妹吵架越来越凶。特别是他对妹妹非常冷淡,说话也很苛刻,完全感受不到当哥哥该有的样子。我非

常担心这事情。（一个十岁和八岁男孩，五岁女孩的母亲）

回答：反抗恰恰是撒娇的表现，是不是因为嫉妒下面的妹妹老得到父母的关爱。

青春期，小孩会经常情绪起伏不定。您的长子已经到这个关口了，表现出来反抗情绪，不是说讨厌父母，恰恰是撒娇的表现。如果父母又想"怎么又来反抗情绪了？"等，就经常会无意识地对他严厉批评，对其他的孩子温柔体贴。这样以来，他对次子的嫉妒心会越来越强。"你们也关心下我，我也想要你们对次子那种体贴关心"，他的反抗情绪实际是在表达着这样一个信息。

无论孩子怎么态度冷淡，都要给他留个后路比较好。比如，他说"我不想吃饭"，那就回应他"我放冰箱了啊，想吃的时候再吃"等。如果他又说"不吃就是不吃"的话，父母有时候会特别生气，不由自主追过去按住他的肩膀吼道"不想吃就别吃"之类，让他意识到事情的严重性。但是这么严厉的话，会无形中让他的反抗心越来越强，更会伤害他的自尊心。尽量让他任性地说完最后一句话而父母不作回应，这样的话就会慢慢地让他度过反抗期。

问题：姐姐很擅长学习也很擅长体育运动，但是妹妹哪个都不擅长。在夸奖长子的时候，次子会说"反正我什么也不擅长"之类的话，长子已经参加过了中考，次子却说他不想去补习班。慢慢地变得自卑而且反抗心严重的次子该怎么办才好呢？（一个十三岁和十岁的女孩的母亲）

回答：人的优点不止一个，父母要把这一点教给孩子。人的优点有很多，对孩子说："姐姐擅长×××，但是你在×××方面做得不错啊!"一有机会就将这些告诉她是很有必要的。希望你能教给孩子"虽然学习很重要,但是除此之外还有很多重要的东西"这一道理。

但是孩子说"反正我也做不好",实际上表达了孩子想要做好的心情。因为孩子十岁了,所以希望能够享受到"做好事情的喜悦"。虽说没有必要强迫孩子参加考试,但是试着慢慢地跟孩子聊聊天:"在学习这方面,你还是想做得很好的吧!"如果有认真地教孩子学习的补习班的话,试着邀请孩子去参观旁听一下也可以,妈妈在一旁看着她学习也可以,或者让孩子试着去问问姐姐,三个人一起学习也可以。不管什么时候,先从理解这个孩子困苦的心情开始吧。(岩立京子教授)